ORDONNANCE DU ROI,

Portant règlement pour le payement des Troupes de Sa Majesté, pendant la campagne prochaine.

Du 15 Juin 1758.

A PARIS,
DE L'IMPRIMERIE ROYALE.

M. DCCLVIII.

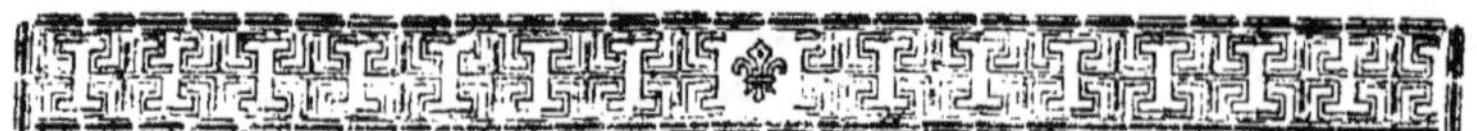

TABLE

Des Articles & Titres contenus en l'ordonnance du Roi, du 15 juin 1758, portant règlement pour le payement des Troupes de Sa Majesté, pendant la campagne prochaine.

ORDONNANCE

ORDONNANCE
DU ROI,

Portant règlement pour le Payement des Troupes de Sa Majeſté pendant la Campagne prochaine.

Du 15 Juin 1758.

DE PAR LE ROI.

SA MAJESTÉ toûjours attentive à procurer aux Officiers de ſes Troupes les moyens de la ſervir avec zèle, après avoir pris connoiſſance du traitement qu'Elle leur avoit ci-devant réglé, tant pendant l'hiver que pendant la campagne, Elle s'eſt déterminée à l'augmenter, afin de rendre leur ſituation plus aiſée, & mettre les Capitaines en état d'entretenir leurs troupes complètes & de bien ſervir, de manière que Sa Majeſté puiſſe recevoir de leurs ſervices toute la ſatisfaction qu'Elle a lieu d'eſpérer; en conſéquence, Elle a réglé par ſon ordonnance du 25 février dernier, celui qu'Elle leur a accordé pendant l'hiver: Et voulant, en partant des mêmes principes, fixer celui de campagne, de façon qu'avec le payement de ce qu'Elle a réglé d'ustensile à chaque Officier pendant la campagne, il se trouve recevoir par mois ce qu'il reçoit en hiver, Elle mande & ordonne ce qui suit :

ARTICLE PREMIER.

Fourrage.

Il sera fourni du fourrage aux troupes, lorsqu'il n'y aura point occasion de fourrager sur le pays, conformément aux états que Sa Majesté fera expédier, & ce, pour les quantités de rations attribuées à chaque grade des Officiers de ses troupes d'Infanterie françoise & étrangère, Cavalerie, Hussards & Dragons, par son ordonnance du 25 février dernier, concernant la solde des troupes pendant l'hiver.

Pain de munition.

Elle fera aussi expédier des états pour la fourniture du pain de munition aux Officiers d'Infanterie françoise, des troupes de Cavalerie, de la Maison de Sa Majesté, des régimens de Cavalerie, de Carabiniers, de Hussards & de Dragons, & aux Brigadiers, Sous-Brigadiers, Gardes-du-Corps, Gendarmes, Chevaux-légers, Mousquetaires, Grenadiers à cheval, Sergens, Soldats, Cavaliers, Carabiniers, Hussards & Dragons, & seulement aux Sergens & Soldats des régimens étrangers, qui serviront dans les armées de Sa Majesté, à commencer des jours qu'elles se mettront en campagne en corps d'armée, jusqu'au dernier octobre prochain, sur le pied des revûes, en observant de se conformer pour les quantités attribuées à chaque grade, à ce qui est prescrit ci-après par la présente ordonnance. Sa Majesté entend à cet effet, que les revûes se fassent régulièrement tous les deux mois pendant la campagne, aux troupes des armées, par les Commissaires des guerres, avec les Directeurs ou Inspecteurs généraux, où il s'en trouvera.

II.

GARDES-FRANÇOISES & GARDES-SUISSES. Compagnies.

LES compagnies des Gardes-Françoises & Suisses seront payées de leur solde ordinaire, sur laquelle il sera retenu deux sols pour chaque ration de pain de munition qui leur ſera fournie ; & les Officiers de l'État-major de chacun deſdits régimens, recevront leurs appointemens ſuivant les états qui ſeront expédiés. *États-majors.*

III.

INFANTERIE FRANÇOISE.

CHAQUE bataillon d'Infanterie françoiſe, ſervant en campagne, compoſé de dix-ſept compagnies, dont une de Grenadiers de quarante-cinq hommes, & ſeize de Fuſiliers de quarante hommes, faiſant au total ſix cens quatre-vingt-cinq hommes, outre le pain de munition qui ſera fourni aux Officiers & Soldats, ſera payé pendant la campagne, ſur le pied par jour, ſavoir:

Compagnies de Grenadiers. La compagnie de Grenadiers, à raiſon de cinq livres trois ſols quatre deniers au Capitaine, y compris quatre livres treize ſols quatre deniers de ſupplément.

Trente ſols au Lieutenant, y compris vingt-deux ſols de ſupplément.

Vingt ſols au Sous-lieutenant, y compris quatorze ſols de ſupplément.

Sept ſols quatre deniers à chacun des deux Sergens, dont un ſol quatre deniers de ſupplément ; cinq ſols huit deniers à chacun des trois Caporaux, dont un ſol onze deniers de ſupplément ; quatre ſols huit deniers à chacun des trois Anſpeſſades, dont un ſol deux deniers de ſupplément ; & trois ſols huit deniers à chacun des trente-ſix Grenadiers & au Tambour, dont huit deniers de ſupplément.

Payes de gratification. Le Capitaine, outre l'appointement ci-deſſus, recevra cinq payes de gratification de ſix ſols ſix deniers chacune, dont deux payes de ſupplément, ſa compagnie étant complète de quarante-cinq hommes, trois à quarante-quatre, une ſeulement à quarante-trois, & rien au deſſous dudit nombre de quarante-trois hommes.

Compagnies de Fuſiliers. Chacune des ſeize compagnies de Fuſiliers de chaque bataillon, ſera payée ſur le pied par jour, ſavoir :

Aux Capitaines des quatre premières compagnies, à raison de quatre livres dix sols par jour, y compris quatre livres deux sols de supplément.

Aux Capitaines des quatre compagnies qui suivent par leur rang, à raison de trois livres seize sols huit deniers par jour, y compris trois livres huit sols huit deniers de supplément.

Aux Capitaines des huit dernières compagnies, à raison de trois livres trois sols quatre deniers, y compris deux livres quinze sols quatre deniers de supplément.

A chaque Lieutenant des seize compagnies de Fusiliers, vingt-trois sols quatre deniers, y compris dix-sept sols quatre deniers de supplément.

Les deux Sergens, trois Caporaux, trois Anspessades, trente-un Fusiliers & un Tambour, qui sont en chacune des seize compagnies de Fusiliers, seront payés à raison de six sols quatre deniers par jour à chaque Sergent, dont un sol quatre deniers de supplément; quatre sols huit deniers à chaque Caporal, dont un sol cinq deniers de supplément; trois sols huit deniers à chaque Anspessade, dont huit deniers de supplément; & deux sols huit deniers à chaque Fusilier & au Tambour, dont deux deniers de supplément.

Payes de gratification. Le Capitaine de Fusiliers, outre l'appointement ci-dessus, recevra cinq payes de gratification de cinq sols six deniers chacune, dont deux payes de supplément, sa compagnie étant complète de quarante hommes, trois à trente-neuf, une seulement à trente-huit hommes, & rien au dessous dudit nombre de trente-huit hommes.

Soldats surnuméraires du régiment du Roi. Les cinq hommes surnuméraires par compagnie, établis dans le régiment d'Infanterie du Roi, par ordonnance du 7 septembre 1741, & que Sa Majesté, par celles du 20 février 1749 & premier août 1755, a bien voulu continuer d'y entretenir au-delà du complet en chacune des soixante-huit compagnies dudit régiment, sans tirer à conséquence pour les autres régimens de son Infanterie françoise, recevront leur solde sur le pied par jour, de

trois

trois ſols huit deniers à chaque Grenadier, y compris huit deniers de ſupplément; & de deux ſols huit deniers à chaque Fuſilier, dont deux deniers de ſupplément, en paſſant préſent aux revûes des Commiſſaires des guerres, juſqu'audit nombre de cinq par compagnie, ſans que cela produiſe aucune augmentation dans les hautes-payes, ni dans les payes de gratification deſdites compagnies.

Capitaines en ſecond tenant lieu de Lieutenans.

Les Capitaines en ſecond, ci-devant en pied, qui par la réforme rempliſſent des places de Lieutenant dans les compagnies de Fuſiliers, juſqu'à leur remplacement, ſeront payés en campagne, de leurs appointemens, ſur le pied chacun de trente-deux ſols par jour, y compris vingt-cinq ſols de ſupplément.

Enſeignes.

Les deux Enſeignes qui ſont en chaque bataillon pour porter les drapeaux, ſeront payés de ſeize ſols par jour, y compris onze ſols de ſupplément.

Linge & chauſſure.

Le ſupplément de ſolde de quatre deniers par jour à chaque Sergent, & de deux deniers auſſi par jour à chaque Caporal, Anſpeſſade, Grenadier, Fuſilier & Tambour, que Sa Majeſté a accordé par ſon ordonnance du 1.er du préſent mois de juin, pour augmenter le traitement ci-devant fixé pour l'entretien du linge & chauſſure, & qui fait partie de la ſolde réglée par la préſente ordonnance, commencera à avoir lieu du premier juillet prochain, ainſi qu'il eſt porté par ladite ordonnance du premier juin.

État-major des régimens d'Infanterie françoiſe.

Les Officiers de l'État-major de chaque régiment d'Infanterie françoiſe, avec Prevôté ou ſans Prevôté, ſeront payés ſur le pied par jour de quatre livres trois ſols quatre deniers au Colonel, y compris trois livres ſept ſols quatre deniers de ſupplément; neuf livres ſept ſols neuf deniers un tiers au Lieutenant-colonel, y compris quatre livres dix-ſept ſols quatre deniers de ſupplément, tant pour leurs appointemens en leurdite qualité, que pour leur tenir lieu de ceux de Capitaine, n'ayant plus de compagnie; quatre livres dix ſols au Major, y compris quatre livres deux ſols de ſupplément; deux livres ſeize ſols huit deniers à l'Aide-major, y compris deux livres dix ſols huit deniers de supplément; vingt sols au Maréchal-des-logis, y compris seize sols de supplément; & dix sols à chacun des Aumônier & Chirurgien, y compris sept sols six deniers de supplément.

Colonel-lieutenant du régiment d'Infanterie du Roi.

Sa Majesté ayant réglé par son ordonnance du 20 février 1749, que la compagnie Colonelle de son régiment d'Infanterie seroit conservée, & commandée comme ci-devant par le Colonel-lieutenant, il continuera d'être payé en ladite qualité de Colonel, sur le pied réglé par l'ordonnance du 25 février dernier, de trente-trois sols quatre deniers par jour, indépendamment des appointemens qu'il recevra comme Capitaine, à raison de trois livres trois sols quatre deniers par jour, les gradations d'augmentation de traitement établies pour les compagnies de Fusiliers devant avoir lieu pour ledit régiment comme pour les autres de l'Infanterie françoise, à commencer du premier Capitaine factionnaire.

Colonel en second du régiment des Gardes de Lorraine.

Le sieur Chevalier de Beauveau, Colonel en second du régiment des Gardes de Lorraine, sera payé de ses appointemens en campagne, sur le pied de quatre livres trois sols quatre deniers, y compris trois livres sept sols quatre deniers de supplément.

Prevôté.

Les Officiers de la Prevôté des régimens où il y a Prevôté, servant dans les armées, seront payés sur le pied par jour, de dix-huit sols huit deniers au Prevôt, dont treize sols huit deniers de supplément; sept sols quatre deniers à son Lieutenant, dont quatre sols dix deniers de supplément; quatre sols quatre deniers au Greffier, dont deux sols quatre deniers de supplément; & trois sols à chacun des cinq Archers & à l'Exécuteur de Justice, dont deux sols de supplément.

Commandans & Aides-majors de bataillons.

Les Commandans des second, troisième & quatrième bataillons des régimens où il y en a ce nombre, seront payés sur le pied de cinq livres dix-huit sols dix deniers deux tiers par jour chacun, y compris quatre livres huit sols dix deniers deux tiers de supplément, ne devant point être attachés à aucune compagnie; & les Aides-majors desdits bataillons, & même le cinquième qui est dans le premier bataillon du régiment du Roi, recevront chacun deux livres seize sols huit deniers par jour, y compris deux livres dix sols huit deniers de supplément.

Sous-aides-majors dans le régiment du Roi.

Les quatre Sous-aides-majors que Sa Majesté a établis dans son régiment d'Infanterie, par ordonnance du 20 juillet 1753, continueront de recevoir les seize livres treize sols quatre deniers par mois, réglés par ladite ordonnance, indépendamment de leurs appointemens de Lieutenans.

Appointemens conservés aux anciens Commandans de bataillon.

Les Officiers qui commandoient les bataillons qui ont été réformés par les réductions ordonnées dans l'Infanterie françoise, en 1748 & 1749, continueront de jouir en campagne des trente-six sols huit deniers par jour qui leur sont réglés pendant l'hiver, jusqu'à ce qu'ils soient remplacés; & ce indépendamment des appointemens qui leur sont ci-dessus réglés comme Capitaine d'une compagnie de Fusiliers.

Officiers réformés à la suite des régimens.

Les Officiers réformés à la suite des régimens d'Infanterie françoise, y seront payés, lorsque les régimens servent en campagne, sur le même pied des appointemens qui leur ont été réglés par mois d'hiver, à la déduction seulement de vingt-cinq livres par mois à chaque Colonel & Lieutenant-colonel, de quinze livres à chaque Capitaine, & de cinq livres à chaque Lieutenant.

Régimens qui servent dans les isles de Minorque & de Corse.

Les régimens d'Infanterie françoise & étrangère qui servent dans les isles de Minorque & de Corse, continueront d'être payés de leur solde, sur le pied réglé par l'ordonnance de solde d'hiver du 25 février dernier.

Officiers représentans ceux Prisonniers de guerre.

Les Officiers qui, en conséquence de l'ordonnance du 30 décembre 1757, doivent représenter ceux qui sont prisonniers de guerre, seront payés pendant la campagne, savoir; les Capitaines exploitans les compagnies des Capitaines prisonniers de guerre, sur le pied de trois livres trois sols quatre deniers par jour, quand même ils représenteroient des Capitaines des premières compagnies, auxquels Sa Majesté a réglé des appointemens plus forts: lesdits Capitaines représentans, jouiront aussi de tout le traitement attaché à leur grade, ainſi que des émolumens de la compagnie qu'ils exploitent, de l'entretien & des réparations de laquelle ils ſeront tenus.

Les Lieutenans qui remplaceront ceux qui ſont priſonniers, ſeront payés ſur le pied réglé par la préſente ordonnance pour les autres Lieutenans.

Et les Aides-majors qui repréſenteront les Aides-majors priſonniers, recevront les mêmes appointemens des autres Aides-majors de l'Infanterie françoiſe.

A l'égard des Officiers priſonniers, ils ſeront payés ſur des ordres particuliers, ainſi que Sa Majeſté s'en eſt expliqué par l'ordonnance de ſolde du 25 février dernier.

Les Officiers qui auront été nommés pour repréſenter les Lieutenans-colonels, Commandans de Bataillon, Majors & Capitaines de Grenadiers priſonniers, jouiront des appointemens & fourrages attribués à chacun de ces grades; & les Officiers priſonniers qu'ils repréſenteront, ſeront payés ſur les ordres particuliers de Sa Majeſté.

Entend Sa Majeſté que les penſions attribuées aux Lieutenans-colonels & premiers Capitaines de vingt régimens de ſon Infanterie françoiſe, ainſi que les gratifications attachées aux charges, continuent d'être payées aux Officiers priſonniers qui en jouiſſent.

Royal-Lorraine & Royal-Barrois.

Les régimens Royal-Lorraine & Royal-Barrois, continueront de recevoir, en ſervant en campagne, la même ſolde qui leur eſt réglée par l'ordonnance du 25 février 1758.

L'intention de Sa Majeſté eſt que quoique ces régimens ſoient à la paye de garniſon toute l'année, ils aient la faculté en campagne de prendre le pain de munition & la viande, aux retenues ordinaires ſur la ſolde; à l'exception cependant des Officiers, auxquels Elle veut bien accorder la fourniture du pain de munition *gratis*, comme en jouiſſent ceux de ſes troupes d'Infanterie françoiſe.

Veut Sa Majeſté que ces deux régimens jouiſſent, à commencer du premier juillet prochain, de l'augmentation de paye qu'Elle a accordée par ſon ordonnance du premier

premier du présent mois de juin, sur le pied de quatre deniers par jour à chaque Sergent, & de deux deniers aussi par jour à chaque Caporal, Anspessade, Grenadier, Fusilier & Tambour, par supplément au traitement ci-devant fixé pour l'entretien du linge & chaussure.

Au moyen du traitement réglé à ces deux régimens, il ne leur sera accordé ni ustensile ni argent de recrue, devant être toûjours complets au moyen des hommes qui leur seront fournis des Milices de Lorraine & de Bar; mais Sa Majesté leur donnera des routes avec étape pour faire joindre les hommes de remplacement.

Corps des Grenadiers de France.

Le Corps des Grenadiers de France, formé par ordonnance du 15 février 1749, & qui, suivant celle du 15 septembre 1750, a rang dans l'Infanterie immédiatement après le régiment de Bourbon, ce Corps composé de quatre brigades de douze compagnies de quarante-cinq hommes, faisant au total deux mille cent soixante hommes, sur le pied de cinq cens quarante hommes par brigade, sera payé à raison par jour, savoir;

Compagnies.

Chacune des quarante-huit compagnies, de six livres quinze sols dix deniers au Capitaine, y compris cinq livres dix-neuf sols dix deniers de supplément, tant pour ses appointemens que pour lui tenir lieu des cinq payes de gratification dont jouissent les Capitaines de Grenadiers des régimens d'Infanterie françoise, leur compagnie étant complète; trente sols au Lieutenant, y compris vingt-deux sols de supplément; vingt sols au Lieutenant en second, dont quatorze sols de supplément; sept sols quatre deniers à chacun des deux Sergens, dont un sol quatre deniers de supplément; cinq sols huit deniers à chacun des trois Caporaux, dont un sol onze deniers de supplément; quatre sols huit deniers à chacun des trois Anspessades, y compris un sol deux deniers de supplément; & trois sols huit deniers à chacun des trente-six Grenadiers & au Tambour, dont huit deniers de supplément.

Supplément de solde aux Charpentiers.

Le Sergent, le Caporal & les onze Grenadiers entretenus en chacune des quatre Brigades, sous la dénomination de Charpentiers, continueront de recevoir le ſupplément de ſolde qui leur a été réglé par l'ordonnance du 15 août 1750, à raiſon par jour, de deux ſols au Sergent, un ſol ſix deniers au Caporal, & un ſol à chaque Grenadier-Charpentier.

Enſeignes. L'Enſeigne qui eſt en chacune des quatre brigades, ſera payé ſur le pied de ſeize ſols par jour, y compris onze ſols de ſupplément.

État-major. L'État-major dudit Corps ſera payé ſur le pied par jour, de vingt-une livres ſept ſols neuf deniers un tiers à l'Inſpecteur-commandant, y compris dix livres cinq ſols ſix deniers deux tiers de ſupplément; douze livres dix ſols au ſieur de Lanjamet, ci-devant Major, & établi Commandant en ſecond dudit corps, par ordonnance du 8 juillet 1756, y compris neuf livres trois ſols quatre deniers de ſupplément, lequel traitement ſera éteint du jour que ledit ſieur de Lanjamet ne ſera plus employé audit Corps; neuf livres trois ſols quatre deniers à chaque Colonel deſtiné à ſervir audit Corps, y compris huit livres ſept ſols quatre deniers de ſupplément; ſept livres dix ſols à chaque Lieutenant-colonel, y compris cinq livres ſeize ſols huit deniers de ſupplément, & ce pour le temps ſeulement que leſdits Colonels & Lieutenans-colonels ſeront de ſervice audit Corps en campagne; de quatre livres dix ſols à chacun des quatre Sergens-majors, y compris trois livres dix-huit ſols de ſupplément; deux livres ſeize ſols huit deniers à chacun des quatre Aides-majors, y compris deux livres dix ſols huit deniers de ſupplément; vingt ſols à chacun des Aumônier & Chirurgien, & dix ſols quatre deniers à chacun des Tambour-major & Fifre.

CORPS ROYAL de l'ARTILLERIE. LE Corps royal de l'Artillerie, porté par ordonnance du premier décembre 1756, à ſix bataillons, ſix compagnies de Mineurs & ſix compagnies d'Ouvriers, chaque bataillon compoſé de huit cens hommes en ſeize compagnies de cinquante hommes chacune, dont deux de Sappeurs, neuf de Canonniers, & cinq de Bombardiers, ſera payé, en ſervant en campagne, ſavoir;

Chacune des deux compagnies de Sappeurs, fur le pied, par jour, de cinq livres fept fols huit deniers au Capitaine, y compris trois livres dix-neuf fols huit deniers de fupplément; quarante-trois fols quatre deniers au Capitaine en fecond, y compris vingt-un fols quatre deniers de fupplément; quarante fols au premier Lieutenant, y compris vingt fols de fupplément; trente fols au Lieutenant en fecond, y compris douze fols de fupplément; vingt-trois fols quatre deniers à chacun des deux Sous-lieutenans, y compris neuf fols quatre deniers de fupplément; quinze fols dix deniers à chacun des trois Sergens, dont fix fols de fupplément; onze fols huit deniers à chacun des trois Caporaux, dont quatre fols huit deniers de fupplément; huit fols huit deniers à chacun des trois Anfpeffades, dont deux fols huit deniers de fupplément; fix fols huit deniers à chacun de neuf des quarante Sappeurs, dont un fol huit deniers de fupplément; quatre fols deux deniers à chacun des trente-un autres, dont huit deniers de fupplément; & fix fols huit deniers au Tambour, dont un fol huit deniers de fupplément.

Compagnies de Sappeurs.

Chacune des neuf compagnies de Canonniers par bataillon, fera payée à raifon, par jour, de cinq livres fept fols huit deniers au Capitaine en pied, y compris trois livres dix-neuf fols huit deniers de fupplément; quarante-trois fols quatre deniers au Capitaine en fecond, y compris vingt-un fols quatre deniers de fupplément, quarante fols au premier Lieutenant, y compris vingt fols de fupplément; trente fols au Lieutenant en fecond, y compris douze fols de fupplément; vingt-trois fols quatre deniers à chacun des deux Sous-lieutenans, y compris neuf fols quatre deniers de fupplément; quinze fols dix deniers à chacun des trois Sergens, dont fix fols de fupplément; onze fols huit deniers à chacun des trois Caporaux, dont quatre fols huit deniers de fupplément; huit fols huit deniers à chacun des trois Anfpeffades, dont deux fols huit deniers de fupplément; fix fols huit deniers à chacun de neuf des quarante Canonniers, dont un fol huit deniers de

Compagnies de Canonniers.

ſupplément; quatre ſols deux deniers à chacun de neuf autres, dont huit deniers de ſupplément; trois ſols deux deniers à chacun des vingt-deux reſtans, dont deux deniers de ſupplément; & ſix ſols huit deniers au Tambour, dont un ſol huit deniers de ſupplément.

Compagnies de Bombardiers.

Chacune des cinq compagnies de Bombardiers par bataillon, ſera payée ſur le pied, par jour, de cinq livres ſept ſols huit deniers au Capitaine en pied, y compris trois livres dix-neuf ſols huit deniers de ſupplément; quarante-trois ſols quatre deniers au Capitaine en ſecond, y compris vingt-un ſols quatre deniers de ſupplément; quarante ſols au premier Lieutenant, y compris vingt ſols de ſupplément; trente ſols au Lieutenant en ſecond, y compris douze ſols de ſupplément; vingt-trois ſols quatre deniers à chacun des deux Sous-lieutenans, y compris neuf ſols quatre deniers de ſupplément; quinze ſols dix deniers à chacun des trois Sergens, dont ſix ſols de ſupplément; onze ſols huit deniers à chacun des trois Caporaux, dont quatre ſols huit deniers de ſupplément; huit ſols huit deniers à chacun des trois Anſpeſſades, dont deux ſols huit deniers de ſupplément; douze ſols deux deniers à chacun de deux des huit Artificiers-bombardiers, dont cinq ſols deux deniers de ſupplément; neuf ſols deux deniers à chacun de trois autres deſdits Artificiers-bombardiers, dont trois ſols deux deniers de ſupplément; ſept ſols deux deniers à chacun des trois reſtans, dont deux ſols deux deniers de ſupplément: Entendant Sa Majeſté que l'augmentation de paye ſoit donnée ſeulement à ceux d'entre eux qui ſe diſtingueront par leur zèle & capacité dans leur métier, & non à la ſimple ancienneté de ſervice; ſix ſols huit deniers à chacun de ſix des trente-deux Bombardiers, dont un ſol huit deniers de ſupplément; quatre ſols deux deniers à chacun des ſix autres, dont huit deniers de ſupplément; trois ſols deux deniers à chacun des vingt reſtans, dont deux deniers de ſupplément; & ſix ſols huit deniers au Tambour, dont un ſol huit deniers de ſupplément.

Payes de

A l'égard des payes de gratification deſdites compagnies, chaque

chaque Capitaine recevra ſept deſdites payes par jour, dont deux de ſupplément, ſavoir; de ſept ſols chacune pour les Sappeurs, & de ſix ſols pour les Canonniers & Bombardiers, ſa compagnie étant complète de cinquante hommes; cinq à quarante-neuf, trois à quarante-ſept & quarante-huit, & rien au deſſous dudit nombre de quarante-ſept hommes. *gratification des compagnies de Sappeurs, de Canonniers & de Bombardiers.*

L'État-major de chaque bataillon, composé d'un Colonel-commandant & d'un Lieutenant-colonel, qui n'auront point de compagnie, leſquels jouiront chacun dans leur grade, des mêmes prérogatives que les Colonels & les Lieutenans-colonels en pied des régimens d'Infanterie, en ſuivant le rang du Corps; un Major, un Aide-major, un Sous-aide-major, un Aumônier & un Chirurgien, ſera payé ſur le pied, par jour, ſavoir; de quinze livres ſeize ſols huit deniers au Colonel-commandant, y compris neuf livres trois ſols quatre deniers de ſupplément; dix livres cinq ſols ſix deniers au Lieutenant-colonel, y compris cinq livres cinq ſols ſix deniers de ſupplément, tant pour leurs appointemens en ladite qualité de Colonel-commandant & de Lieutenant-colonel, que pour leur tenir lieu de ceux de Capitaine; huit livres ſix ſols ſept deniers au Major, y compris cinq livres ſix ſols ſept deniers de ſupplément; cinq livres douze ſols deux deniers à l'Aide-major, y compris trois livres douze ſols deux deniers de ſupplément; quarante-ſix ſols huit deniers au Sous-aide-major, y compris vingt-ſix ſols huit deniers de ſupplément; & dix ſols à chacun des Aumônier & Chirurgien, dont ſix ſols de ſupplément. *État-major.*

Chacune des ſix compagnies de Mineurs, composée de ſoixante hommes, qui ſervira en campagne ſéparément ou avec leſdits bataillons, outre le pain de munition qui ſera fourni aux Officiers & Soldats, ſera payée à raiſon par jour, de cinq livres treize ſols au Capitaine en premier, cinquante ſols au Capitaine en ſecond, quarante-deux ſols au premier Lieutenant, trente-quatre ſols au Lieutenant en ſecond, vingt-quatre ſols à chacun des deux *Compagnies de Mineurs.*

Sous-lieutenans, feize fols dix deniers à chacun des quatre Sergens, dont quatre deniers de fupplément; douze fols huit deniers à chacun des quatre Caporaux, dont deux deniers de fupplément; neuf fols huit deniers à chacun des quatre Anfpeffades, dont deux deniers de fupplément; huit fols huit deniers à chacun des vingt-quatre Mineurs, dont deux deniers de fupplément; cinq fols deux deniers à chacun des vingt-deux Apprentifs, dont deux deniers de fupplément, fept fols huit deniers à chacun des deux Tambours, dont deux deniers de fupplément; & fept fols pour chacune des huit payes de gratification que Sa Majefté accorde au Capitaine, fa compagnie étant complète de foixante hommes, fix à cinquante-neuf, quatre à cinquante-fept & cinquante-huit, & rien au deffous dudit nombre de cinquante-fept hommes.

Compagnies d'Ouvriers. Chacune des fix compagnies d'Ouvriers, compofée de quarante hommes, fervant en campagne féparément ou avec lefdits bataillons, outre le pain de munition qui fera fourni aux Officiers & Soldats, fera payée fur le pied, par jour, de cinq livres huit fols au Capitaine, quarante-deux fols au premier Lieutenant, trente-quatre fols au fecond Lieutenant, vingt-quatre fols au Sous-lieutenant, feize fols quatre deniers à chacun des trois Maîtres-ouvriers, dont quatre deniers de fupplément; feize fols deux deniers à chacun des trois Sous-maîtres-ouvriers, dont deux deniers de fupplément; treize fols deux deniers à chacun de feize des vingt-cinq Ouvriers, dont deux deniers de fupplément; dix fols deux deniers à chacun des neuf autres Ouvriers, dont deux deniers de fupplément; huit fols deux deniers à chacun des huit Apprentifs & au Tambour, dont deux deniers de fupplément; & dix fols pour chacune des fix payes de gratification que Sa Majefté accorde au Capitaine, fa compagnie étant complète de quarante hommes, quatre defdites payes à trente-neuf, deux à trente-huit, & rien au deffous dudit nombre de trente-huit hommes.

Outre la solde ci-dessus de l'Infanterie françoise, des régimens Royal-Lorraine & Royal-Barrois, du corps des Grenadiers de France, & des six bataillons, six compagnies de Mineurs, & six compagnies d'Ouvriers du corps royal de l'Artillerie, il sera payé vingt-quatre deniers par jour, pour chaque Sergent & Maître-Ouvrier, dont quatre deniers d'augmentation; & douze deniers pour chaque Caporal, Anspessade, Grenadier, Fusilier, Sappeur, Canonnier, Bombardier, Mineur, Sous-maître-ouvrier, Ouvrier, Apprentif & Tambour, dont deux deniers d'augmentation, pour former une Masse toûjours complète, qui restera entre les mains des Trésoriers généraux de l'Extraordinaire des guerres & de l'Artillerie, & dont la main-levée sera ordonnée, ainsi qu'il est réglé par l'ordonnance du 25 février dernier.

Masse de l'Infanterie françoise, des régimens Royal-Lorraine & Royal-Barrois, du corps des Grenadiers de France, & du Corps royal de l'Artilierie.

LES Régimens de Grenadiers-royaux, formés des compagnies de Grenadiers & des Grenadiers-postiches des bataillons de Milices, seront payés, en servant en campagne, savoir,

RÉGIMENS de GRENADIERS-ROYAUX, de deux bataillons chacun.

Chaque compagnie formant deux troupes, l'une de Grenadiers, & l'autre de Grenadiers-postiches, à raison par jour, pour celle de Grenadiers composée de cinquante hommes, de quatre livres au Capitaine, trente-deux sols au premier Lieutenant, vingt sols au second Lieutenant; sept sols quatre deniers à chacun des deux Sergens, dont un sol quatre deniers de supplément; cinq sols huit deniers à chacun des trois Caporaux, dont un sol onze deniers de supplément; quatre sols huit deniers à chacun des trois Anspessades, dont un sol deux deniers de supplément; trois sols huit deniers à chacun des quarante-un Grenadiers, dont huit deniers de supplément; & cinq sols huit deniers au Tambour, dont huit deniers de supplément, lequel, à ce moyen, entretiendra sa caisse de peaux & de cordages, & se fournira de baguettes.

Et pour celle de Grenadiers-postiches, composée de soixante hommes, à raison par jour, de trois livres dix sols au Capitaine, vingt-cinq sols au Lieutenant, six sols quatre

Compagnie de Grenadiers-postiches.

deniers à chacun des trois Sergens, dont un ſol quatre deniers de ſupplément; quatre ſols huit deniers à chacun des trois Caporaux, dont un ſol cinq deniers de ſupplément; trois ſols huit deniers à chacun des trois Anſpeſſades, dont huit deniers de ſupplément; deux ſols huit deniers à chacun des cinquante Grenadiers-poſtiches, dont deux deniers de ſupplément; & quatre ſols huit deniers au Tambour, dont huit deniers de ſupplément, lequel, à ce moyen, entretiendra ſa caiſſe de peaux & de cordages, & ſe fournira de baguettes.

Pain de munition & la viande aux Sergens & Soldats.

Les Sergens, Caporaux, Anſpeſſades, Grenadiers, Grenadiers-poſtiches & Tambours, auront en campagne du pain de munition & de la viande, outre la ſolde ci-deſſus ; au moyen de laquelle ils ſeront tenus de s'entretenir de linge & de chauſſure.

Seconds Lieutenans pour porter les drapeaux.

Il ſera payé vingt ſols par jour au ſecond Lieutenant entretenu aux Grenadiers-poſtiches des deux premières compagnies de chacun deſdits régimens, pour porter les drapeaux.

État-major.

L'État-major de chacun deſdits régimens, ſera payé ſur le pied, par jour, de douze livres au Colonel; dix livres au Lieutenant-colonel, tant pour leurs appointemens en ladite qualité, que pour leur tenir lieu de ceux de Capitaine, n'ayant point de compagnies; ſix livres au Major, & trois livres à chacun des deux Aides-majors.

Pain de munition aux Officiers des régimens de Grenadiers-royaux.

Sa Majeſté voulant bien faire participer les Officiers des régimens de Grenadiers-royaux, qui ſervent dans ſes armées, à la grace qu'Elle a accordée à pluſieurs de ſes troupes, en leur faiſant délivrer la fourniture du pain *gratis*, pour laquelle on leur retenoit deux ſols par ration, attendu qu'ils avoient paye égale toute l'année, ſon intention eſt que cette fourniture leur ſoit faite auſſi *gratis* ſur le pied des quantités réglées pour chaque grade, comme à l'Infanterie françoiſe.

IV.

I V.

TROUPES LÉGÈRES.

LE régiment des Volontaires de Flandre, porté par ordonnance particulière du 25 février 1758, à six cens hommes, en huit compagnies de soixante-quinze hommes, dont quarante d'Infanterie & trente-cinq de Cavalerie, au moyen de deux nouvelles compagnies de soixante-quinze hommes chacune, & d'une augmentation de cinq hommes montés par chacune des six anciennes compagnies, seront payés sur le pied par jour, savoir; chacune desdites compagnies de soixante-quinze hommes, à raison de six livres au Capitaine en pied ou titulaire, dont vingt sols de supplément.

RÉGIMENT des VOLONTAIRES de FLANDRE.

Composition.

Pour la partie de l'Infanterie, cinquante-six sols huit deniers au Capitaine en second de Fusiliers, dont six sols huit deniers de supplément; quarante sols au Lieutenant, dont six sols huit deniers de supplément; onze sols à chacun des deux Sergens, sept sols six deniers à chacun des trois Caporaux, six sols six deniers à chacun des trois Anspessades, & cinq sols six deniers à chacun des trente-un Fusiliers & au Tambour.

Compagnie de soixante-quinze hommes, dont quarante à pied & trente-cinq à cheval.

Infanterie.

Et pour la partie de la Cavalerie, trois livres six sols huit deniers au Capitaine en second, dont six sols huit deniers de supplément; deux livres dix sols au Lieutenant, quarante sols au Cornette rétabli en chacune des compagnies à cheval, vingt-six sols huit deniers au Maréchal-des-logis, huit sols à chacun des deux Brigadiers, & sept sols à chacun des trente-deux Cavaliers & au Trompette ou Timbalier.

Cavalerie.

Le Capitaine titulaire recevra en outre pour sa compagnie d'Infanterie, cinq payes de gratification de cinq sols six deniers chacune, dont deux d'augmentation, sa compagnie étant complète de quarante hommes, trois à trente-neuf, une à trente-huit, & rien au dessous dudit nombre de trente-huit hommes.

Payes de gratification.

L'État-major dudit régiment, sera payé, sur le pied,

État-major.

par jour; ſavoir, de ſeize livres treize ſols quatre deniers au Colonel, dix livres au Lieutenant-colonel, leſquels ne doivent point avoir de compagnie; ſix livres au Major, trois livres ſix ſols huit deniers à l'Aide-major d'Infanterie, quatre livres à l'Aide-major de Cavalerie, trente ſols à l'Aumônier, & vingt ſols au Chirurgien.

Enſeigne.

L'Enſeigne entretenu dans ledit régiment pour porter le drapeau, ſera payé ſur le pied, par jour, de trente ſols; l'Étendard ſera porté par un des Cornettes.

LÉGION-ROYALE, ci-devant ſous le titre du CORPS des VOLONTAIRES ROYAUX. Compoſition.

La Légion-royale, ci-devant ſous le titre du Corps des Volontaires-royaux, portée par ordonnance particulière du 7 mai 1758, à quatorze cens vingt-cinq hommes en ſeize compagnies, dont deux de Grenadiers de quarante-cinq hommes chacune, douze compagnies de cent hommes chacune, dont ſoixante d'Infanterie & quarante Dragons montés, une compagnie de Huſſards de ſoixante-quinze hommes, & une compagnie d'Ouvriers de ſoixante hommes, ſera payée, ſavoir :

Compagnies de Grenadiers.

Chacune des deux compagnies de Grenadiers, ſur le pied par jour, de cinq livres au Capitaine, dont vingt ſols de ſupplément; cinquante ſols au Lieutenant, quarante ſols au Lieutenant en ſecond, douze ſols à chacun des deux Sergens, huit ſols ſix deniers à chacun des trois Caporaux, ſept ſols ſix deniers à chacun des trois Anſpeſſades, ſix ſols ſix deniers à chacun des trente-ſix Grenadiers, & au Tambour; & pareils ſix ſols ſix deniers pour chacune des cinq payes de gratification, dont deux de ſupplément que le Capitaine recevra par jour, ſa compagnie étant complète de quarante-cinq hommes, trois à quarante-quatre, une ſeulement à quarante-trois, & rien au deſſous dudit nombre de quarante-trois hommes.

Payes de gratification.

Compagnies de cent hommes, dont ſoixante d'Infanterie & quarante Dragons montés. Infanterie.

Chacune des douze compagnies de cent hommes, compoſée de Fuſiliers & de Dragons, ſera payée à raiſon, par jour, de ſix livres au Capitaine titulaire; & pour la partie de l'Infanterie, de cinquante-ſix ſols huit deniers au Capitaine en ſecond, dont ſix ſols huit deniers de ſupplément; quarante ſols au Lieutenant, dont cinq ſols de ſupplément; trente ſols au Lieutenant en ſecond, onze ſols à chacun des trois Sergens, ſept ſols ſix deniers à chacun des quatre Caporaux, ſix ſols ſix deniers à chacun des quatre Anſpeſſades, & cinq ſols ſix deniers à chacun des quarante-huit Fuſiliers, & au Tambour. Le Capitaine titulaire recevra, outre ſes appointemens, ſept payes de gratification de cinq ſols ſix deniers chacune pour ſa compagnie d'Infanterie, étant complète de ſoixante hommes; quatre à cinquante-neuf, deux à cinquante-huit, une à cinquante-ſept, & rien au deſſous dudit nombre de cinquante-ſept hommes.

Payes de gratification.

Il ſera payé au Capitaine en ſecond de Dragons, trois livres ſix ſols huit deniers par jour, dont ſix ſols huit deniers de ſupplément; cinquante ſols au Lieutenant, dont dix ſols de ſupplément; quarante ſols au Lieutenant en ſecond, vingt-ſix ſols huit deniers au Maréchal-des-logis, huit ſols à chacun des deux Brigadiers, & ſept ſols à chacun des trente-ſept Dragons & au Tambour.

Dragons.

La compagnie de ſoixante-quinze Huſſards, ſera payée à raiſon, par jour, de ſix livres au Capitaine, trois livres au premier Lieutenant, cinquante ſols au ſecond Lieutenant, quarante-cinq ſols au Cornette, vingt-ſix ſols huit deniers à chacun des deux Maréchaux-des-logis, douze ſols au Fourrier, neuf ſols à chacun des ſix Brigadiers, & ſept ſols à chacun des ſoixante-ſept Huſſards & un Trompette.

Compagnie de Huſſards.

La compagnie d'Ouvriers de ſoixante hommes, ſera payée à raiſon, par jour, de quatre livres au Capitaine, quarante ſols au Lieutenant, trente ſols au Lieutenant en ſecond, vingt-cinq ſols au Sous-lieutenant, ſeize ſols à chacun des trois Sergens, quatorze ſols à chacun des trois Maîtres-ouvriers, douze ſols à chacun des trois Sous-maîtres, dix ſols à chacun des vingt-un Charpentiers, & huit ſols à chacun des trente Apprentifs, y compris le Tambour.

Compagnie d'Ouvriers.

Le Capitaine recevra de plus ſix payes de gratification

Payes de gratification.

de huit ſols chacune, ſa compagnie étant complète de ſoixante hommes, trois à cinquante-neuf, une à cinquante-huit, & rien au deſſous dudit nombre de cinquante-huit hommes.

Charretier. Il ſera payé vingt ſols par jour au Charretier attaché à ladite compagnie pour conduire le caiſſon deſtiné à porter les outils & munitions, lequel caiſſon ſera attelé de trois chevaux, à chacun deſquels il ſera fourni une ration de fourrage.

État-major. L'État-major de cette Légion, ſera payé ſur le pied, par jour, de vingt-cinq livres au Colonel commandant, tant pour ſes appointemens en ladite qualité, que pour lui tenir lieu de ceux de Capitaine, ne devant point avoir de compagnie; ſix livres au Major, trois livres ſix ſols huit deniers à l'Aide-major d'Infanterie, dont ſix ſols huit deniers de ſupplément; quatre livres à l'Aide-major de Dragons, trente ſols à chacun des Aumônier & Chirurgien, & vingt ſols à chacun des Aide-chirurgien & Prevôt.

Entend Sa Majeſté que les appointemens des Officiers mis d'augmentation dans cette Légion, autres que ceux portés par ſon ordonnance du 25 du mois de février dernier, de même que l'augmentation d'appointemens du Colonel & ceux de l'Aide-chirurgien, n'aient lieu qu'à compter du premier du préſent mois; & que les payes de gratification, ainſi que la ſolde des Soldats, Dragons, Huſſards & Ouvriers mis pareillement d'augmentation, ne commencent auſſi à avoir lieu que dudit jour premier juin, ſuivant les revûes des Commiſſaires des guerres, & le fourrage ſera fourni aux chevaux effectifs ſur leſdites revûes.

RÉGIMENT des VOLONTAIRES du DAUPHINÉ. Compoſition. LE Régiment des Volontaires du Dauphiné, porté par ordonnance du 7 avril 1758, à cinq cens ſoixante hommes, en huit compagnies de ſoixante-dix hommes chacune, dont quarante d'Infanterie, & trente Dragons montés, ſera payé, ſavoir:

Compagnies de ſoixante-dix Chacune deſdites compagnies de ſoixante-dix hommes, à raiſon à raiſon par jour, de ſix livres au Capitaine en pied ou titulaire, dont vingt ſols de ſupplément.

hommes, dont quarante d'Infanterie, & trente Dragons montés.

Infanterie.

Pour la partie de l'Infanterie, cinquante-ſix ſols huit deniers au Capitaine en ſecond de Fuſiliers, dont ſix ſols huit deniers de ſupplément; quarante ſols au Lieutenant, dont ſix ſols huit deniers de ſupplément; onze ſols à chacun des deux Sergens, ſept ſols ſix deniers à chacun des trois Caporaux, ſix ſols ſix deniers à chacun des trois Anſpeſſades, & cinq ſols ſix deniers à chacun des trente-un Fuſiliers & au Tambour.

Dragons.

Et pour la partie des Dragons, trois livres ſix ſols huit deniers au Capitaine en ſecond, dont ſix ſols huit deniers de ſupplément; cinquante ſols au Lieutenant, vingt-ſix ſols huit deniers au Maréchal-des-logis, ſept ſols ſix deniers à chacun des deux Brigadiers, & ſix ſols ſix deniers à chacun des vingt-ſept Dragons & au Tambour.

Payes de gratification.

Le Capitaine titulaire recevra en outre pour ſa compagnie d'Infanterie, cinq payes de gratification, de cinq ſols ſix deniers chacune, dont deux d'augmentation, ſa compagnie étant complète de quarante hommes, trois à trente-neuf, une à trente-huit, & rien au deſſous dudit nombre de trente-huit hommes.

Supplément d'appointemens aux ſieurs Beringuier & Lancize.

Les ſieurs Beringuier & Lancize qui ont rang de Lieutenant-colonel, & qui commandent chacun en qualité de Capitaine une des compagnies dudit régiment, continueront de recevoir, outre leurs appointemens de Capitaine, chacun trente-trois ſols quatre deniers par jour, lequel traitement leur étant perſonnel, n'aura point lieu pour ceux qui leur ſuccéderont; voulant au ſurplus Sa Majeſté que leſdits ſieurs Beringuier & Lancize faſſent le ſervice de Capitaine audit régiment.

État-major.

L'État-major de ce régiment ſera payé ſur le pied par jour; ſavoir, de ſeize livres treize ſols quatre deniers au Colonel, dix livres au Lieutenant-colonel, leſquels ne doivent point avoir de compagnie; ſix livres au Major, trois livres ſix ſols huit deniers à l'Aide-major, trente ſols à l'Aumônier, & vingt ſols au Chirurgien.

Enseigne & Cornette pour porter les Drapeau & Étendard.

L'Enseigne pour porter le Drapeau, & le Cornette pour porter l'Étendard, continueront d'être payés sur le pied par jour, de trente sols à l'Enseigne, & de quarante-cinq sols au Cornette.

Entend Sa Majesté que les appointemens des Officiers mis d'augmentation, ainsi que les payes de gratification de supplément, & la solde réglée aux Soldats & Dragons, dont ledit corps a été augmenté par ordonnance du 7 avril dernier, ne commencent à avoir lieu que du premier du présent mois de juin.

RÉGIMENT de VOLONTAIRES ÉTRANGERS de CLERMONT-PRINCE.

LE régiment de Volontaires-Étrangers de Clermont-Prince, créé par ordonnance du 7 mai 1758, composé de dix-huit cens hommes, dont mille à pied, & huit cens à cheval, formant deux compagnies de Grenadiers de cinquante hommes, neuf compagnies de Fusiliers de cent hommes, & seize compagnies de Cavalerie de cinquante hommes, sera payé, savoir :

Compagnie de Grenadiers.

Chacune des deux compagnies de Grenadiers, sur le pied par jour, de six livres au Capitaine, trois livres au Lieutenant, trente sols au Sous-lieutenant, treize sols à chacun des deux Sergens, huit sols à chacun des trois Caporaux, sept sols à chacun des trois Anspessades, six sols six deniers à chacun des quarante-un Grenadiers, & sept sols au Tambour. Le Capitaine recevra de plus cinq payes de gratification de six sols six deniers chacune, sa compagnie étant complète de cinquante hommes; trois à quarante-neuf, une seulement à quarante-huit, & rien au dessous dudit nombre de quarante-huit hommes.

Compagnies de Fusiliers.

Chacune des neuf compagnies de Fusiliers, sur le pied par jour, de cinq livres au Capitaine, cinquante sols au Capitaine en second, trente-trois sols quatre deniers au Lieutenant en premier, vingt-sept sols au Lieutenant en second, vingt-quatre sols au Sous-lieutenant, onze sols à chacun des quatre Sergens, douze sols à chacun des quatre Cadets, neuf sols au Fourrier, pareils neuf sols au Capitaine d'armes, sept sols à chacun des six Caporaux, six sols à chacun des six Anspessades, sept sols à chacun des deux Canonniers & deux Charpentiers, cinq ſols ſix deniers à chacun des ſoixante-douze Fuſiliers, & ſept ſols à chacun des deux Tambours. Le Capitaine recevra de plus douze payes de gratification de cinq ſols ſix deniers chacune, ſa compagnie étant complète de cent hommes; onze à quatre-vingt-dix-neuf, dix à quatre-vingt-dix-huit, neuf à quatre-vingt-dix-ſept, huit à quatre-vingt-quinze, ſept à quatre-vingt-douze, & ſix à quatre-vingt-dix, ne devant rien toucher deſdites payes de gratification, ſa compagnie étant au deſſous dudit nombre de quatre-vingt-dix hommes.

Compagnies de Cavalerie.

Chacune des ſeize compagnies de Cavalerie, ſur le pied par jour, de ſix livres au Capitaine, trois livres au Lieutenant, quarante-cinq ſols au Cornette, trente ſols à chacun des deux Maréchaux-des-logis, neuf ſols à chacun des quatre Brigadiers, quatorze ſols à chacun des deux Cadets, ſept ſols à chacun des quarante-trois Cavaliers, & dix ſols au Trompette ou Timbalier, où il doit y en avoir.

État-major.

L'État-major de ce régiment ſera payé ſur le pied par jour, de vingt-cinq livres au Colonel-lieutenant, quatorze livres au Lieutenant-colonel, dix livres au Lieutenant-colonel en ſecond, tant pour leur traitement en leurdite qualité, que pour leur tenir lieu de celui de Capitaine, ne devant point avoir de compagnie; huit livres au Major, trois livres ſix ſols huit deniers à chacun des deux Aides-majors d'Infanterie, trois livres dix ſols à chacun des deux Aides-majors de Cavalerie, trente ſols à l'Aumônier, vingt ſols au Chirurgien-major, trente ſols au Maréchal-des-logis, quarante ſols à l'Auditeur, pareils quarante ſols au Prevôt, vingt ſols au Greffier, & douze ſols à chacun des deux Archers & à l'Exécuteur de Juſtice.

La Maſſe de ce régiment ſera établie du premier du préſent mois de juin, conformément à l'ordonnance de création du 7 mai dernier, ſur le pied de deux ſols par jour pour chaque Sergent, & d'un ſol pour chaque Cadet, Caporal, Anſpeſſade, Fourrier, Capitaine d'armes,

Canonnier, Charpentier, Grenadier, Fusilier, Brigadier, Cavalier, Trompette, Timbalier & Tambour.

RÉGIMENT ROYAL-CANTABRES.

LE régiment Royal-Cantabres, rétabli par ordonnance du 8 juillet 1757, composé d'un bataillon de six cens quatre hommes, en huit compagnies de soixante-quinze hommes chacune, & de quatre Tambourins, sera payé sur le pied, par jour, savoir;

Compagnies de soixante-quinze hommes.

Chaque compagnie de soixante-quinze hommes, à raison de cinq livres au Capitaine en pied, dont trente-trois sols quatre deniers de supplément; cinquante-six sols huit deniers au Capitaine en second, dont seize sols huit deniers de supplément; quarante sols au Lieutenant, dont cinq sols de supplément; trente-trois sols quatre deniers au Lieutenant en second, dont trois sols quatre deniers de supplément; onze sols à chacun des trois Sergens, dix sols au Fourrier, neuf sols au Capitaine d'armes, sept sols six deniers à chacun des six Caporaux, six sols six deniers à chacun des six Anspessades & des six Grenadiers, & cinq sols six deniers à chacun des cinquante Fusiliers & deux Tambours.

Payes de gratification.

Le Capitaine, outre ses appointemens, recevra neuf payes de gratification de cinq sols six deniers chacune, dont une paye de supplément, sa compagnie étant complète de soixante-quinze hommes, sept à soixante-treize, cinq à soixante-dix, & rien au dessous dudit nombre de soixante-dix hommes.

État-major.

L'État-major de ce régiment sera payé sur le pied par jour, de dix livres au Colonel-lieutenant, cinq livres au Lieutenant-colonel, indépendamment de leurs appointemens de Capitaine; six livres au Major, trois livres six sols huit deniers à l'Aide-major, y compris six sols huit deniers de supplément; trente sols à l'Aumônier, vingt sols au Chirurgien, & douze sols à chacun des quatre Tambourins.

CORPS des CHASSEURS de FISCHER.

Composition.

LE Corps des Chasseurs de Fischer, composé de douze cens hommes, en conséquence de l'ordonnance du 8 juillet 1757, en seize compagnies, dont huit d'Infanterie de de soixante-quinze hommes chacune, & huit de Cavalerie de même nombre, sera payé sur le pied par jour, savoir;

Compagnies d'Infanterie de soixante-quinze hommes.

Chacune des compagnies d'Infanterie de soixante-quinze hommes, à raison de cinquante-six sols huit deniers au Capitaine en second, dont six sols huit deniers de supplément; quarante sols au premier Lieutenant, dont cinq sols de supplément; trente-trois sols quatre deniers au second Lieutenant, dont trois sols quatre deniers de supplément; vingt sols à chacun des quatre Sergens, seize sols à chacun des six Caporaux, quatorze sols à chacun des six Anspessades & des six Grenadiers, & dix sols à chacun des cinquante-trois Chasseurs.

Compagnies de Cavalerie de soixante-quinze hommes.

Chacune des compagnies de Cavalerie, de soixante-quinze hommes, à raison de quatre livres au premier Capitaine en second, dont treize sols quatre deniers de supplément; cinquante-six sols huit deniers au second Capitaine en second, dont six sols huit deniers de supplément; cinquante sols au premier Lieutenant, dont cinq sols de supplément; quarante sols au second Lieutenant, vingt-six sols huit deniers à chacun des deux Maréchaux-des-logis, seize sols à chacun des six Brigadiers, & dix sols à chacun des soixante-neuf Chasseurs.

État-major.

L'État-major dudit Corps sera payé sur le pied par jour, savoir; de quinze livres au sieur Fischer, tant en sa qualité de Commandant, que de Capitaine en premier des compagnies à pied & à cheval; dix livres au Lieutenant-colonel, six livres au Major, trois livres six sols huit deniers à chacun des deux Aides-majors, trente sols à l'Aumônier, vingt sols au Chirurgien, & pareils vingt sols au Prevôt.

Surnuméraires.

Les Surnuméraires que Sa Majesté a autorisé le sieur Fischer d'admettre dans ledit Corps, par son ordonnance particulière du 15 août 1757, continueront d'être payés de leur solde sur le pied de dix sols chacun par jour, suivant les revûes des Commissaires des guerres, en observant de ne point excéder le nombre de huit cens hommes fixé par ladite ordonnance, sans aucune haute-paye ni autre dépense pour Sa Majesté, tant qu'Elle jugera à propos de laisser subsister lesdits Surnuméraires au-delà des douze cens hommes à quoi Elle a fixé ledit Corps par son ordonnance du 8 juillet 1757.

Entend Sa Majesté qu'au moyen du traitement ci-dessus, le sieur Fischer sera chargé de l'habillement, armement, équipement & entretien desdits Chasseurs, tant à pied qu'à cheval.

RÉGIMENT des VOLONTAIRES D'ALSACE, ci-devant BEYERLÉ.

Composition.

LE régiment des Volontaires d'Alsace, composé de quatre cens vingt hommes, en conséquence de l'ordonnance du premier février de la présente année, en six compagnies de soixante-dix hommes chacune, dont quarante d'Infanterie & trente Dragons, sera payé sur le pied, savoir;

Compagnies de soixante-dix hommes, dont quarante d'Infanterie & trente Dragons.

Infanterie.

Payes de gratification.

Chaque compagnie, à raison de six livres par jour au Capitaine en pied ou titulaire, dont vingt sols de supplément pour la partie de l'Infanterie; de trois livres au Capitaine en second, quarante sols au Lieutenant: Et le Capitaine titulaire recevra pour la solde de quarante hommes à pied, treize livres par mois; & pareilles treize livres, aussi par mois, pour chacune des cinq payes de gratification, dont une de supplément, sa compagnie étant complète de quarante hommes, trois à trente-neuf, deux à trente-huit, & rien au dessous dudit nombre de trente-huit hommes.

Dragons.

Il sera payé au Capitaine en second de Dragons, trois livres dix sols par jour, cinquante sols au Lieutenant, vingt-six sols huit deniers au Maréchal-des-logis, neuf sols à chacun des deux Brigadiers, & sept sols à chacun des vingt-sept Dragons & au Tambour ou Trompette.

État-major.

L'État-major de ce régiment, sera payé sur le pied par jour, savoir; de seize livres treize sols quatre deniers au Colonel, de dix livres au Lieutenant-colonel, tant pour leurs appointemens en ladite qualité, que pour leur tenir lieu de ceux de Capitaine; six livres au Major, trois livres dix sols à l'Aide-major, trente sols à l'Aumônier, & vingt sols au Chirurgien.

L'Enſeigne & le Cornette, attachés audit régiment pour porter le drapeau & l'étendard, continueront d'être payés ſur le pied par jour, de trente ſols à l'Enſeigne, & de quarante ſols au Cornette.

Enſeigne & Cornette pour porter le Drapeau & l'Étendard.

LE Corps des Fuſiliers de Montagne, composé de cent vingt hommes, en trois compagnies de quarante hommes chacune, ſera payé, ſavoir;

FUSILIERS de MONTAGNE.

Chaque compagnie, ſur le pied par jour, de quatre livres au Capitaine en premier, dont vingt ſols de ſupplément; trois livres au Capitaine en ſecond, dont dix ſols de ſupplément; trente-trois ſols quatre deniers au Lieutenant, y compris trois ſols quatre deniers de ſupplément; quinze ſols à chacun des trois Brigadiers, onze ſols à chacun des trois Sous-brigadiers, & neuf ſols à chacun des trente-trois Fuſiliers & au Tambour.

Compagnies.

Il ſera retenu pour l'habillement, armement & équipement deſdites trois compagnies, quatre ſols par jour ſur la ſolde de chaque Brigadier, trois ſols ſur celle de chaque Sous-brigadier, & deux ſols ſur celle de chaque Fuſilier & Tambour. Mais comme cette retenue ne peut avoir lieu ſur la ſolde que pour le nombre d'hommes dont les compagnies ſe trouveront composées aux revûes des Commiſſaires des guerres, ce qui opéreroit un vuide au Capitaine dans les fonds deſtinés aux réparations de ſa troupe; & Sa Majeſté voulant y ſuppléer, Elle veut bien prendre ſur ſon compte les deux ſols affectés à l'habillement, équipement & armement de chacun des Fuſiliers qui manqueront aux revûes, afin que cela compoſe une ſomme toûjours égale, ſans avoir égard aux hommes qui pourroient manquer dans les compagnies, pour compoſer à la fin de l'année une Maſſe complète ſur le pied ci-deſſus, laquelle demeurera entre les mains du Tréſorier général de l'Extraordinaire des guerres, pour être payée ſur la main-levée d'un Inſpecteur d'Infanterie; au moyen de quoi, chaque Capitaine ſera chargé de l'entretien général de ſa troupe.

L'État-major dudit Corps de Fuſiliers de Montagne,

État-major.

ſera payé à raiſon par jour, de ſix livres treize ſols quatre deniers au Commandant, dont trente-trois ſols quatre deniers de ſupplément, tant pour ſes appointemens en ladite qualité, que pour lui tenir lieu de ceux de Capitaine, ne devant être attaché à aucune compagnie; & trois livres ſix ſols huit deniers à l'Aide-major, y compris ſeize ſols huit deniers de ſupplément.

COMPAGNIE de FUSILIERS-GUIDES.

LA compagnie de Fuſiliers-guides, créée par ordonnance du 26 décembre 1756, compoſée de vingt-cinq hommes, dont treize à pied, & douze à cheval, ſera payée à raiſon par jour, de quatre livres au Capitaine, vingt-ſept ſols huit deniers au Lieutenant, vingt ſols au Lieutenant en ſecond, treize ſols à chacun des deux Sergens, dont un à cheval; dix ſols ſix deniers à chacun des deux Caporaux, dont un à cheval; huit ſols ſix deniers à l'Anſpeſſade, & ſix ſols ſix deniers à chacun des vingt Fuſiliers-guides, dont dix à cheval.

Payes de gratification.

Le Capitaine recevra de plus deux payes de gratification de ſix ſols ſix deniers chacune, la compagnie étant complète de vingt-cinq hommes.

Augmentation de traitement pour linge & chauſſure.

L'intention de Sa Majeſté étant que l'Infanterie des Troupes légères qui ſont à ſon ſervice, jouiſſe de l'augmentation de traitement qu'Elle a accordée par ſon ordonnance du premier du préſent mois de juin, pour l'entretien du linge & chauſſure, Elle entend qu'à commencer du premier juillet prochain, la ſolde des Sergens & maîtres-Ouvriers, ſoit augmentée de quatre deniers chacun par jour; & celle des Cadets, Caporaux, Anſpeſſades, Fourriers, Sous-maîtres-ouvriers, Capitaines-d'armes, Canonniers, Charpentiers, Grenadiers, Fuſiliers, Ouvriers & Tambours, de deux deniers auſſi par jour à chacun, dont le décompte leur ſera fait avec celui de la ſubſiſtance, ainſi qu'il eſt expliqué par ladite ordonnance du premier du préſent mois de juin.

MASSE des Troupes légères.

Outre la ſolde ci-deſſus réglée pour le régiment des Volontaires de Flandre, la Légion-royale, le régiment des Volontaires-étrangers, de Clermont-Prince, les régimens des Volontaires du Dauphiné & de Royal-Cantabres, les troupes

troupes à cheval du régiment des Volontaires d'Alſace, & la compagnie de Fuſiliers-guides, il ſera payé vingt-quatre deniers par jour pour chaque Sergent & Maître-ouvrier, dont quatre deniers d'augmentation; & douze deniers, dont deux d'augmentation, pour chaque Cadet, Caporal, Anſpeſſade, Fourrier, Sous-maître-ouvrier, Capitaine-d'armes, Canonnier, Charpentier, Grenadier, Fuſilier, Ouvrier, Brigadier, Sous-brigadier, Volontaire, Cavalier, Huſſard, Dragon, Fuſilier-guide à pied ou à cheval, Trompette, Timbalier & Tambour, pour former une Maſſe toûjours complète par année, laquelle reſtera entre les mains du Tréſorier général de l'Extraordinaire des guerres, pour être délivrée & employée, comme il eſt réglé à l'article de la Maſſe de l'Infanterie françoiſe.

Gratifications attachées aux charges.

Sa Majeſté ayant bien voulu accorder, à commencer du premier janvier de cette année, des gratifications attachées aux charges, aux Lieutenans-colonels, Majors & Aides-majors de pluſieurs deſdits régimens de Troupes légères, ils en ſeront payés ſuivant les ordres particuliers qu'Elle en fera expédier chaque année.

V.

INFANTERIE SUISSE ET *GRISONNE.*

Suisses & Grisons. Compagnies.

Les compagnies des régimens Suiſſes & Griſons, qui ont été ou ſeront mis à la ſolde de guerre, en vertu des ordonnances particulières que Sa Majeſté en a fait ou en fera expédier, recevront cette ſolde juſqu'à ce qu'Elle en ordonne autrement, ſur le pied de dix-ſept livres huit ſols pour chaque homme par mois, les Officiers compris, & pour chacune des quarante payes de gratification que Sa Majeſté accorde au Capitaine, à tel nombre d'hommes que ſa compagnie paſſe aux revûes des Commiſſaires des guerres, ſur laquelle ſolde il ſera retenu deux ſols pour chacune des rations de pain de munition, qui ſeront fournies auxdites compagnies, ſuivant les revûes des Commiſſaires des guerres prépoſés à cet effet.

Payes de gratification.

Retenue pour le pain.

État-major. L'État-major de chacun des régimens Suisses & Grisons, qui sera à la paye de guerre, sera payé à raison de dix-neuf cent soixante livres huit sols par mois, au lieu de mille livres, aussi par mois, qu'il reçoit lorsque les régimens sont à la solde de paix.

Solde de garnison. A l'égard de ceux desdits régimens, auxquels Sa Majesté n'aura point accordé d'ordre particulier pour être mis à la solde de guerre, ils continueront d'être payés en conformité de ce qui est réglé par l'ordonnance du 25 février 1758.

V I.

INFANTERIE ÉTRANGÈRE.

ALLEMANDS. Douze régimens. CEUX des régimens d'Infanterie Allemande d'Alsace, Bentheim, la Marck, Royal-Suédois, Royal-Bavière, Lowendal, Bergh, Nassau-Wzingen, du Prince Louis de Nassau-Saarbruck, la Dauphine, Saint-Germain, & Royal-Pologne, celui de Bouillon créé sur le pied étranger, & ceux d'Infanterie Liégeoise de Vierzet & d'Horion, qui ont été ou seront mis à la solde de guerre, en vertu des ordonnances particulières que Sa Majesté en a fait ou fera expédier, recevront cette solde, jusqu'à ce qu'Elle en ordonne autrement, sur le pied de quatorze livres dix sols par mois, par homme, & pour chacune des treize payes de gratification que Sa Majesté accorde à chaque Capitaine, la compagnie étant complète au nombre de quatre-vingt-cinq hommes, neuf payes à quatre-vingt-trois, sept à quatre-vingt-un, cinq à quatre-vingt, & rien au dessous dudit nombre de quatre-vingts hommes.

Solde de guerre.

Payes de gratification.

Chaque Capitaine doit entretenir & payer dans sa compagnie, un premier Sergent à treize sols par jour, deux autres Sergens à douze sols chacun, un Fourrier & un Capitaine d'armes à neuf sols chacun, un Fourrier-schutz à huit sols, trois Caporaux, un Charpentier de profession, & deux Tambours à sept sols chacun, six Anspessades & six Grenadiers à six sols chacun, & soixante-un Fusiliers à cinq sols six deniers chacun; sur laquelle ſolde il ſera retenu à chaque compagnie, deux ſols par ration de pain de munition qui leur ſera fourni pendant la campagne ſeulement, ſans que les Officiers ſoient obligés d'en prendre.

Retenue pour le pain.

Les Officiers des compagnies & de l'État-major de chacun deſdits régimens d'Infanterie Allemande & Liégeoiſe, continueront d'être payés de leurs appointemens, en campagne, ſur le pied réglé par l'ordonnance du 25 février 1758.

État-major des régimens Allemands.

Les Commandans des bataillons, qui ont été réformés en 1748 & 1749, & qui ont paſſé avec leur compagnie dans les bataillons reſtés ſur pied, continueront de jouir, indépendamment de leur traitement de Capitaine, des mêmes appointemens de ſoixante livres par mois, qu'ils avoient en ladite qualité de Commandant de bataillon, & ce, juſqu'à ce qu'ils ſoient remplacés.

Appointemens conſervés aux anciens Commandans des bataillons réformés.

Les Colonels & Lieutenans-colonels réformés à la ſuite deſdits régimens d'Infanterie allemande, ſeront payés, en ſervant en campagne & en paſſant préſens aux revûes des Commiſſaires des guerres, ſur le pied par mois, de cent livres à chaque Colonel, de quatre-vingt-trois livres ſix ſols huit deniers à chaque Lieutenant-colonel; à l'exception de ceux deſdits Colonels & Lieutenans-colonels auxquels il a été expédié des ordres par leſquels il leur eſt réglé un traitement particulier, dont ils continueront de jouir en campagne comme pendant l'hiver.

Colonels & Lieutenans-colonels réformés à la ſuite des régimens Allemands.

A l'égard des Capitaines réformés qui ſerviront en campagne à la ſuite deſdits régimens, ils ſeront payés, à raiſon de cinquante livres par mois.

Capitaines réformés à la ſuite deſdits régimens Allemands.

Le régiment Royal-Deux-Ponts, compoſé de quatre bataillons, au moyen d'un bataillon d'augmentation, levé par ordonnance du 25 février dernier, continuera de jouir de la paye de Guerre juſqu'à ce que Sa Majeſté en ordonne autrement, ſur le pied de quatorze livres dix ſols par mois par homme; & pour chacune des ſeize payes de gratification que Sa Majeſté accorde au Capitaine, ſa compagnie étant complète au nombre de cent treize hommes aux

RÉGIMENT ROYAL-DEUX-PONTS.

revûes des Commiſſaires ordinaires des guerres, quatorze à cent onze, douze à cent neuf, dix à cent ſept, huit à cent cinq, & rien au deſſous dudit nombre de cent cinq hommes.

Entend Sa Majeſté que chaque Capitaine entretienne & paye dans ſa compagnie un premier Sergent à treize ſols par jour, deux autres à douze ſols chacun, un quatrième à onze ſols, un Fourrier & un Capitaine d'armes à neuf ſols chacun, un Fourrier-ſchutz à huit ſols, quatre Caporaux, un Charpentier de profeſſion & trois Tambours à ſept ſols chacun, huit Anſpeſſades & huit Grenadiers à ſix ſols, & quatre-vingt-deux Fuſiliers à cinq ſols ſix deniers chacun par jour.

Retenue pour le pain.

Sur laquelle ſolde il ſera retenu à chaque compagnie, deux ſols par ration de pain de munition qui leur ſera fournie pendant la campagne ſeulement, ſans que les Officiers ſoient obligés d'en prendre.

Officiers des compagnies & État-major.

Les Officiers des compagnies & de l'État-major dudit régiment, continueront d'être payés de leurs appointemens en campagne, ſur le pied réglé par l'ordonnance du 25 février 1758, à l'exception du Major, auquel Sa Majeſté veut bien accorder le même traitement de deux cens cinquante livres par mois, qu'Elle a réglé pour ceux des ſix derniers régimens allemands, au lieu des deux cens livres par mois qui lui étoient attribués par ladite ordonnance du 25 février dernier; & ſon intention eſt que le décompte des cinquante livres d'augmentation par mois, lui ſoit fait, à commencer du premier janvier de la préſente année.

Retenue pour la Maſſe des régimens Allemands & Liégeois.

A l'égard de la retenue à titre de Maſſe, elle continuera d'avoir ſon exécution pour tous les régimens d'Infanterie allemande & liégeoiſe, ſuivant ce qui eſt porté par l'ordonnance de ſolde du 25 février dernier, tant pour la ſolde de paix que pour la ſolde de guerre.

ROYAL-ITALIEN & ROYAL CORSE.

Les régimens Royal-Italien & Royal-Corſe, compoſés chacun de ſix cens quatre-vingt-cinq hommes, en neuf compagnies, dont une de Grenadiers de quarante-cinq hommes,

hommes, & huit de Fusiliers de quatre-vingts hommes, seront payés en servant en campagne, savoir;

La compagnie de Grenadiers, sur le pied par jour, de cinq livres seize sols huit deniers au Capitaine, y compris deux livres seize sols huit deniers de supplément; deux livres seize sols huit deniers au Lieutenant, y compris vingt-quatre sols huit deniers de supplément; trente-trois sols quatre deniers au Lieutenant en second, y compris treize sols quatre deniers de supplément; quinze sols au premier Sergent, dont deux sols six deniers de supplément; onze sols à chacun des deux autres, dont deux sols six deniers de supplément; huit sols dix deniers à chacun des trois Caporaux, dont deux sols dix deniers de supplément; sept sols cinq deniers à chacun des cinq Anspessades, dont deux sols cinq deniers de supplément; six sols à chacun des trente-trois Grenadiers, dont deux sols de supplément; & sept sols cinq deniers au Tambour, dont deux sols cinq deniers de supplément. Le Capitaine recevra de plus huit payes de gratification de huit sols chacune, dont deux de supplément, sa compagnie étant complète de quarante-cinq hommes, quatre à quarante-quatre, deux seulement à quarante-trois, & rien au dessous dudit nombre de quarante-trois hommes.

Compagnie de Grenadiers.

Payes de gratification.

Les huit compagnies de Fusiliers de chacun de ces deux régimens, seront payées en campagne sur le pied, savoir;

Compagnies de Fusiliers.

Chacun des deux Capitaines des deux premières compagnies, sur le pied par jour, de cinq livres, dont cinquante sols de supplément.

Chacun des Capitaines des deux compagnies qui suivent par leur rang, sur le pied par jour, de quatre livres dix sols, dont quarante sols de supplément.

Et chacun des Capitaines des quatre dernières compagnies, sur le pied de quatre livres trois sols quatre deniers, dont trente-trois sols quatre deniers de supplément.

Quant aux autres Officiers desdites compagnies de Fusiliers, ils seront payés sur le pied par jour, de cinquante ſols au Capitaine en ſecond, dont vingt ſols de ſupplément; trente-ſix ſols huit deniers au Lieutenant en premier, dont ſeize ſols huit deniers de ſupplément; vingt-ſix ſols huit deniers au Lieutenant en ſecond, dont onze ſols huit deniers de ſupplément; quatorze ſols au premier Sergent, dont deux ſols de ſupplément; dix ſols à chacun des quatre autres, dont deux ſols de ſupplément; ſept ſols dix deniers à chacun des cinq Caporaux, dont deux ſols de ſupplément; ſix ſols cinq deniers à chacun des ſept Anſpeſſades, dont un ſol onze deniers de ſupplément; cinq ſols ſix deniers à chacun des quinze Appointés, dont un ſol neuf deniers de ſupplément; cinq ſols à chacun des quarante-ſix Fuſiliers, dont un ſol ſix deniers de ſupplément; & ſix ſols cinq deniers à chacun des deux Tambours, dont un ſol onze deniers de ſupplément.

Le Capitaine en pied recevra en outre douze payes de gratification de ſept ſols chacune, dont deux de ſupplément, ſa compagnie étant complète de quatre-vingts hommes, huit à ſoixante-dix-huit, ſix à ſoixante-dix-ſept, quatre à ſoixante-ſeize, deux à ſoixante-quinze, & rien au deſſous dudit nombre de ſoixante-quinze hommes.

États-majors de Royal-Italien & Royal-Corſe.

L'État-major de chacun des régimens Royal-Italien & Royal-Corſe, ſera payé ſur le pied par jour, de vingt-neuf livres trois ſols quatre deniers au Colonel, dont quatorze livres trois ſols quatre deniers de ſupplément; onze livres trois ſols quatre deniers au Lieutenant-colonel, dont cinq livres trois ſols quatre deniers de ſupplément, tant pour leurs appointemens en leurdite qualité qu'en celle de Capitaine, ne devant point avoir de compagnie; neuf livres trois ſols quatre deniers au Major, dont quatre livres trois ſols quatre deniers de ſupplément; cinq livres à l'Interprète, trois livres dix ſols à l'Aide-major, dont trente ſols de ſupplément; trente ſols au Maréchal-des-logis, dont quinze ſols de ſupplément; quarante ſols à l'Aumônier, dont vingt ſols de ſupplément; quinze ſols au Chirurgien, dont ſept ſols ſix deniers de ſupplément; huit ſols au Tambour-major, dont trois ſols de ſupplément; trente-deux ſols au

Prevôt, dont douze sols de supplément; quatorze sols à son Lieutenant, dont quatre sols de supplément; huit sols six deniers au Greffier, dont deux sols trois deniers de supplément; & six sols quatre deniers à chacun des cinq Archers & à l'Exécuteur de justice, dont deux sols deux deniers de supplément.

Le Colonel en second du régiment Royal-Corse, sera payé de ses appointemens, en servant en campagne, sur le pied par jour, de quatre livres quatorze sols cinq deniers un tiers, dont trois livres quatorze sols cinq deniers un tiers de supplément.

Colonel en second de Royal-Corse.

Les deux derniers Capitaines du régiment Royal-Italien, qui, par sa nouvelle composition, se sont trouvés sans compagnie, & sont attachés aux premières compagnies de Fusiliers, où ils tiennent lieu de Capitaine en second, recevront, en servant en campagne, chacun quatre livres trois sols quatre deniers, dont trente-trois sols quatre deniers de supplément.

Capitaines réformés du régiment Royal-Italien, qui ont eu Troupe.

Les Capitaines en second ou réformés, actuellement attachés audit régiment Royal-Italien, qui se trouveront d'excédant au nombre de huit Capitaines en second, ci-dessus employés aux compagnies de Fusiliers, y rempliront la troisième place d'Officier, sous le titre de second Capitaine en second, pour y tenir lieu de Lieutenant & en faire les fonctions, aux mêmes appointemens de cinquante sols par jour, ci-dessus réglés aux Capitaines en second; lesquelles places de seconds Capitaines en second, ne seront remplies, à mesure qu'elles deviendront vacantes, que par des Lieutenans, aux appointemens de trente-six sols huit deniers chacun par jour, pendant qu'ils serviront en campagne.

Capitaines en second ou réformés du régiment Royal-Italien.

Les Commandans des second & troisième bataillons réformés dudit régiment Royal-Italien, qui ont passé avec leur compagnie dans le bataillon resté sur pied, continueront de jouir, indépendamment de leurs appointemens ci-dessus de Capitaine, des quarante sols qu'ils avoient chacun par jour en ladite qualité de Commandant de

Commandans des second & troisième bataillons réformés de Royal-Italien.

bataillon, & ce, jusqu'à ce qu'ils soient nommés à un grade dont le traitement ne sera point inférieur.

Officiers réformés de Royal Italien & Royal Corse.

Les Officiers réformés qui auront ordre de servir à la suite des régimens Royal-Italien & Royal-Corse, seront payés en campagne sur le pied par jour, de trois livres à chaque Colonel, cinquante sols à chaque Lieutenant-colonel, trente sols à chaque Capitaine, & quinze sols à chaque Lieutenant.

Retenue pour l'habillement des Soldats de Royal-Italien & Royal-Corse.

Entend Sa Majesté que la retenue qui doit être faite de l'excédant de solde pour tenir lieu de Masse, & servir à l'habillement des Soldats des régimens Royal-Italien & Royal-Corse, reste entre les mains du Major de chaque régiment, pour être délivrée aux Capitaines, ainsi qu'il est réglé par l'ordonnance du 25 février dernier.

RÉGIMENS IRLANDOIS & ÉCOSSOIS.

LES régimens d'Infanterie irlandoise de Bulkeley, Clare, Dillon, Roothe & Berwick, & ceux d'Infanterie écossoise de Royal-Écossois & d'Ogilvy, composés chacun d'un bataillon de sept cens cinq hommes en treize compagnies, dont une de Grenadiers de quarante-cinq hommes, & douze de Fusiliers de cinquante-cinq hommes chacune, seront payés de leurs appointemens & solde, en servant en campagne, savoir;

Compagnie de Grenadiers.

La compagnie de Grenadiers, sur le pied par jour, de cinq livres seize sols huit deniers au Capitaine, y compris deux livres seize sols huit deniers de supplément; trois livres trois sols quatre deniers au Capitaine en second, dont treize sols quatre deniers de supplément; trois livres au Lieutenant, dont vingt-cinq sols de supplément; trente sols au Lieutenant en second, dont douze sols de supplément; douze sols à chacun des deux Sergens, dont deux sols de supplément; neuf sols six deniers à chacun des trois Caporaux, dont deux sols six deniers de supplément; huit sols six deniers à chacun des trois Anspessades, dont deux sols de supplément, & sept sols six deniers à chacun des trente-six Grenadiers & au Tambour, dont un sol six deniers de supplément. Le Capitaine recevra de plus cinq payes de gratification de neuf sols six deniers chacune, dont

dont deux de ſupplément, ſa compagnie étant complète de quarante-cinq hommes; trois à quarante-quatre, une à quarante-trois, & rien au deſſous dudit nombre de quarante-trois hommes.

Compagnies de Fuſiliers.

Les douze compagnies de Fuſiliers de chacun deſdits régimens, ſeront payées, ſavoir ;

Aux trois Capitaines des trois premières compagnies, ſur le pied par jour, de cinq livres, dont cinquante ſols de ſupplément.

Chacun des Capitaines des trois compagnies qui ſuivent par leur rang, ſur le pied par jour, de quatre livres dix ſols, dont quarante ſols de ſupplément.

Et chacun des Capitaines des ſix dernières compagnies, ſur le pied par jour, de quatre livres trois ſols quatre deniers, dont trente-trois ſols quatre deniers de ſupplément.

Quant aux autres Officiers deſdites compagnies, ils ſeront payés ſur le pied par jour, de cinquante ſols au Capitaine en ſecond, trente-ſix ſols huit deniers au Lieutenant, dont quatorze ſols deux deniers de ſupplément; vingt-ſix ſols huit deniers au Lieutenant en ſecond, dont huit ſols huit deniers de ſupplément; onze ſols à chacun des trois Sergens, dont deux ſols de ſupplément; huit ſols ſix deniers à chacun des quatre Caporaux, dont deux ſols de ſupplément; ſept ſols ſix deniers à chacun des quatre Anſpeſſades, dont un ſol ſix deniers de ſupplément; & ſix ſols ſix deniers à chacun des quarante-trois Fuſiliers & au Tambour, dont un ſol de ſupplément. Le Capitaine recevra de plus ſept payes de gratification de huit ſols ſix deniers chacune, dont deux de ſupplément, ſa compagnie étant complète de cinquante-cinq hommes; quatre à cinquante-quatre, trois à cinquante-trois, une à cinquante-deux, & rien au deſſous dudit nombre de cinquante-deux hommes.

Enſeignes.

Chacun des deux Enſeignes, pour porter les drapeaux qu'il y a dans chaque régiment d'Infanterie irlandoiſe & écoſſoiſe, recevra vingt-neuf ſols quatre deniers par jour, dont onze ſols quatre deniers de ſupplément.

États-majors des régimens de Bulkeley, Clare, Dillon, Roothe, Berwick, Royal-Écossois & Ogilvy.

L'État-major de chacun desdits régimens de Bulkeley, Clare, Dillon, Roothe, Berwick, Royal Écossois & Ogilvy, sera payé sur le pied par jour, de dix-sept livres dix sols au Colonel, tant pour ses appointemens en ladite qualité, que pour lui tenir lieu de ceux de Capitaine, ne devant point avoir de compagnie, dans lesquels appointemens est compris un supplément de huit livres six sols huit deniers pour ceux des régimens de Bulkeley, Clare, Dillon, Royal-Écossois & Ogilvy, & de onze livres cinq sols pour ceux des régimens de Roothe & Berwick; onze livres un sol un denier un tiers au Lieutenant-colonel de chacun desdits régimens, aussi sans compagnie, dont cinq livres deux sols deux deniers deux tiers de supplément; sept livres dix sols au Major, dont quatre livres trois sols quatre deniers de supplément; cinquante-six sols huit deniers à l'Aide-major, y compris vingt-six sols huit deniers de supplément; quarante sols à l'Aumônier, dont vingt sols de supplément; trente sols au Chirurgien, dont quinze sols de supplément; pareils trente sols au Maréchal-des logis, dont quinze sols de supplément pour ceux des régimens de Bulkeley, Clare, Dillon, Royal-Écossois & Ogilvy; & dix-sept sols six deniers pour ceux de Roothe & de Berwick; cinq livres à l'Interprète de chacun desdits régimens, & pareilles cinq livres au second Interprète attaché au régiment Royal-Écossois par l'article III de l'ordonnance du 20 décembre 1748, concernant l'incorporation du régiment d'Albanie.

Prevôté des régimens de Rooth & Berwick.

La Prevôté qui est en chacun desdits régimens de Roothe & de Berwick, sera payée sur le pied par jour, de dix-huit sols huit deniers au Prevôt, dont cinq sols quatre deniers de supplément; sept sols quatre deniers à son Lieutenant, dont huit deniers de supplément; quatre sols quatre deniers au Greffier, dont deux deniers de supplément; & trois sols à chacun des cinq Archers & à l'Exécuteur de Justice, dont six deniers de supplément.

Les Colonels & Lieutenans-colonels desdits sept régimens Irlandois & Écossois, continueront de jouir chacun de la pension attachée à leur charge; au moyen de quoi, le Colonel de chaque régiment ne pourra rien retenir sur la solde & masse des Sergens, Caporaux, Anspessades, Grenadiers, Soldats & Tambours qui doivent recevoir leur paye entière, à la déduction seulement de ce qui sera mis à la Masse pour leur habillement.

Cadets.

Sa Majesté ayant bien voulu permettre qu'il soit entretenu douze Cadets dans chacun desdits régimens Irlandois & Écossois, qui tiendront lieu de pareil nombre de Soldats, son intention est que lesdits Cadets continuent de recevoir pendant la campagne, le supplément de paye de quatre sols six deniers par jour, qui leur est réglé par l'ordonnance du 25 février dernier, en passant présens aux revûes des Commissaires des guerres.

Officiers réformés à la suite des régimens Irlandois & Écossois.

Les Officiers réformés qui auront ordre de servir en campagne à la suite desdits régimens Irlandois & Écossois, y seront payés de leurs appointemens, en passant présens aux revûes des Commissaires des guerres, sur le pied par jour, de trois livres à chaque Colonel, cinquante sols à chaque Lieutenant-colonel, quarante sols à chaque Capitaine, & dix-huit sols à chaque Lieutenant, indépendamment de ceux desdits Officiers réformés, qui se trouveront encore employés à la suite des régimens Royal-Écossois & d'Ogilvy, provenant de l'incorporation qui y a été faite de celui d'Albanie, lesquels seront payés en campagne, en passant présens aux revûes des Commissaires des guerres, sur le pied de cent vingt-cinq livres par mois au Lieutenant-colonel, cent vingt livres au Capitaine de Grenadiers, quatre-vingt-dix livres à chaque Capitaine & au Major, soixante-sept livres dix sols à chaque Capitaine en second, quatre-vingt-cinq livres au Lieutenant de Grenadiers, quarante-sept livres dix sols à chaque Lieutenant, y compris l'Aide-major, & de quarante livres à chaque Lieutenant en second réformé. A l'égard des Colonels & Lieutenans-colonels auxquels il auroit été réglé des appointemens différens de ceux ci-dessus fixés, ils continueront d'en jouir en conséquence des ordres particuliers qui leur ont été expédiés, à la déduction seulement de vingt-cinq livres par mois, lorsqu'ils serviront en campagne.

VII.

GENDARMERIE.

GARDES-DU-CORPS du ROI.

LES quatre compagnies des Gardes-du-corps de Sa Majesté (à l'exception des détachemens qui restent de service sur le Guet), outre le pain de munition & le fourrage qui leur seront fournis, seront payées pendant qu'elles serviront en campagne, sur le pied par jour, de quatre livres dix sols à chaque Lieutenant, trois livres à chaque Enseigne, trente sols à chaque Exempt, Aide-major & Sous-aide-major, vingt sols à chaque Brigadier, dix-sept sols six deniers à chaque Sous-brigadier, quinze sols à chaque Garde, Trompette & Timbalier, quarante sols à chaque Aumônier, & vingt sols à chaque Chirurgien.

GRENADIERS à CHEVAL.

La compagnie de Grenadiers à cheval de Sa Majesté, de cent trente Grenadiers & quatre Tambours, outre le pain & le fourrage qui lui seront fournis en servant en campagne, sera payée sur le pied par jour, de vingt-sept sols au Capitaine-lieutenant, dix-huit sols à chacun des trois Lieutenans, treize sols six deniers à chacun des trois Sous-lieutenans, neuf sols à chacun des trois Maréchaux-des-logis, sept sols à chacun des six Sergens, pareils sept sols à chacun des trois Brigadiers & six Sous-brigadiers, six sols à chacun des six Appointés & au Porte-étendard, cinq sols six deniers à chacun des cent huit Grenadiers & des quatre Tambours, & quarante sols à l'Aumônier.

GENDARMES & CHEVAUX-LÉGERS de la GARDE du ROI.

La Cornette de chacune des compagnies de Gendarmes & de Chevaux-légers de la garde de Sa Majesté, outre le pain & le fourrage qui lui seront fournis, en servant en campagne, sera payée sur le pied par jour, de quinze sols à chaque Brigadier, Sous-brigadier, Gendarme, Chevau-léger, Trompette & Timbalier, vingt sols à l'Aumônier, & dix sols à chacun des Petits-Officiers de chaque compagnie, servant à ladite Cornette. Les Officiers desdites

compagnies

compagnies continueront à être payés avec le Guet, de leurs appointemens ordinaires.

MOUSQUETAIRES de la GARDE du ROI.

Les détachemens des deux compagnies de Mousquetaires de la garde de Sa Majesté, outre le pain & le fourrage qui leur seront fournis en servant en campagne, seront payés sur le pied par jour, de vingt-trois sols à chaque Brigadier, dix-neuf sols à chaque Sous-brigadier, quinze sols à chaque Mousquetaire, vingt sols à l'Aumônier, douze sols à chaque Tambour, Chirurgien, Apothicaire, Fourrier, Sellier, & Maréchal-ferrant, & cinquante sols à chaque Joueur de hautbois, Sa Majesté faisant payer d'ailleurs les Officiers de ces compagnies qui commandent lesdits détachemens.

GENDARMERIE. Grands Officiers des compagnies de Gendarmes. Compagnies de Gendarmes.

Les Grands-officiers des dix compagnies de Gendarmes de la Gendarmerie, continueront à être payés suivant les états que Sa Majesté fera expédier; & les Maréchaux-des-logis, Brigadiers, Sous-brigadiers, Porte-étendards, Gendarmes & Trompettes, seront payés, en servant en campagne, sur le même pied de ceux des compagnies de Chevaux-légers, ainsi qu'il est ci-après expliqué.

Compagnies de Chevaux-légers.

Chacune des six compagnies de Chevaux-légers de ladite Gendarmerie, composée d'un Capitaine-lieutenant, un Sous-lieutenant, deux Cornettes, quatre Maréchaux-des-logis, deux Brigadiers, deux Sous-brigadiers, un Porte-étendard, soixante-dix Chevaux-légers, & deux Trompettes, outre le pain & le fourrage qui leur seront fournis en servant en campagne, sera payée sur le pied par jour, de huit livres au Capitaine-lieutenant, dont cinq livres quinze sols de supplément; cinquante sols au Sous-lieutenant, dont trente-deux sols de supplément; trente-cinq sols à chaque Cornette, dont vingt-un sols six deniers de supplément; quarante-cinq sols à chaque Maréchal-des-logis, dont trente-six sols de supplément; vingt-quatre sols six deniers à chaque Brigadier & Sous-brigadier, dont dix-huit sols six deniers de supplément; seize sols quatre deniers au Porte-étendard, dont onze sols quatre deniers de supplément; treize sols à chaque Chevau-léger, dont neuf sols de ſupplément; & vingt ſols à chaque Trompette, dont quatorze ſols ſix deniers de ſupplément.

Timbaliers & Aumôniers.

Il ſera auſſi payé par jour, vingt ſols à chacun des huit Timbaliers entretenus dans les huit premières compagnies, dont quatorze ſols ſix deniers de ſupplément, & trente ſols à chacun des deux Aumôniers qui ſont avec leſdites compagnies de Gendarmes & de Chevaux-légers.

État-major de la Gendarmerie.

Les Officiers de l'État-major de ladite Gendarmerie, étant payés de leurs appointemens à l'ordinaire des guerres, il n'en ſera point fait ici mention.

Supplément de paye aux Gendarmes & Chevaux-légers, pour tenir lieu de Maſſe.

Le ſupplément de paye que Sa Majeſté a accordé ſur le pied par jour, de deux ſols deux deniers, pour tenir lieu de Maſſe à chaque Gendarme & Chevau-léger ſeulement, des ſeize compagnies de la Gendarmerie, continuera de leur être payé pendant la campagne, indépendamment de la ſolde qui leur eſt ci-deſſus réglée.

VIII.

CAVALERIE, CARABINIERS, HUSSARDS & DRAGONS.

CAVALERIE FRANÇOISE. Compagnies.

CHAQUE compagnie des régimens de Cavalerie françoiſe, ſervant en campagne, compoſée de quarante Maîtres, ſera payée ſur le pied par jour, de quatre livres au Capitaine, dont trois livres deux ſols de ſupplément; quarante ſols au Lieutenant, dont vingt-huit ſols de ſupplément; vingt-ſept ſols ſix deniers au Cornette, dont dix-huit ſols ſix deniers de ſupplément; vingt-un ſols huit deniers au Maréchal-des-logis, dont quinze ſols huit deniers de ſupplément; ſix ſols à chacun des deux Brigadiers, dont deux ſols ſix deniers de ſupplément; & cinq ſols à chacun des trente-huit Cavaliers, y compris le Trompette & le Timbalier où il doit y en avoir, dont deux ſols de ſupplément.

Sous-lieutenant & Cornettes en charge dans les régimens Colonel

Le Sous-lieutenant qui eſt dans la compagnie colonelle du Colonel général de la Cavalerie, le Cornette blanc qui eſt dans ladite compagnie, & le Cornette qui eſt en chacune des compagnies Meſtre-de-camp des régimens du Meſtre-de-camp général & du Commiſſaire général de la Cavalerie, recevront leurs appointemens ſur le pied, par jour, de quarante ſols au Sous-lieutenant, dont vingt-huit ſols de ſupplément; & de vingt-ſept ſols ſix deniers au Cornette blanc & à chacun des deux autres, dont dix-huit ſols ſix deniers de ſupplément.

général, Meſtre-de-camp général & Commiſſaire général de la Cavalerie.

État-major des trois premiers régimens de la Cavalerie.

Sa Majeſté ayant conſervé, par ſes ordonnances des premier ſeptembre & 30 octobre 1748, les compagnies aux Meſtres-de-camp des régimens du Colonel général, du Meſtre-de-camp général & du Commiſſaire général de la Cavalerie, l'État-major de chacun deſdits trois régimens, ſera payé ſur le pied par jour, ſavoir; de quarante-quatre ſols cinq deniers au Meſtre-de-camp, outre ſes appointemens de Capitaine, dont vingt-ſix ſols cinq deniers de ſupplément; dix livres ſix ſols huit deniers au Lieutenant-colonel, tant pour ſes appointemens en ladite qualité, que pour lui tenir lieu de ceux de Capitaine, ne devant point avoir de compagnie, dont ſept livres dix ſols de ſupplément; cinq livres au Major, dont quatre livres deux ſols de ſupplément; cinquante ſols à l'Aide-major, dont trente-huit ſols de ſupplément; trente ſols à l'Aumônier, dont vingt-un ſols de ſupplément, & treize ſols ſix deniers au Chirurgien, dont quatre ſols ſix deniers de ſupplément.

État-major des cinquante-deux autres régimens de Cavalerie françoiſe.

L'État-major de chacun des cinquante-deux autres régimens de Cavalerie françoiſe, ſera payé à raiſon par jour, de cinq livres treize ſols quatre deniers au Meſtre-de-camp, dont trente-trois ſols quatre deniers de ſupplément, & dix livres ſix ſols huit deniers au Lieutenant-colonel, dont ſept livres dix ſols de ſupplément, tant pour leurs appointemens en leurdite qualité, que pour leur tenir lieu de ceux de Capitaine, ne devant point avoir de compagnie; cinq livres au Major, dont quatre livres deux ſols de ſupplément; cinquante ſols à l'Aide-major, dont trente-huit ſols de ſupplément; trente ſols à l'Aumônier, dont vingt-un ſols de ſupplément; & treize ſols ſix deniers au Chirurgien, dont quatre ſols ſix deniers de ſupplément.

Capitaines réformés de Cavalerie françoiſe, dernière réforme.

Les Capitaines réformés de Cavalerie françoiſe, qui ont été entretenus à la ſuite des régimens, en conſéquence des ordonnances des 1.er ſeptembre, 30 octobre 1748 & 15 mars 1749, leſquels ſont obligés de ſervir à leur corps toute l'année, au lieu de quatre mois auxquels ils étoient ci-devant aſſujétis, ſeront payés de leurs appointemens en campagne, ſur le pied de cinquante ſols par jour, dont vingt ſols de ſupplément, en paſſant préſens aux revûes des Commiſſaires des guerres.

Capitaines réformés de Cavalerie françoiſe, ancienne réforme.

Les Capitaines réformés qui étoient entretenus à la ſuite des régimens de Cavalerie françoiſe avant les ordonnances de réforme de 1748 & 1749, & qui ſe trouveront encore y exiſter, ſeront payés de leurs appointemens en campagne, ſur le pied de cinquante ſols par jour, dont trente-cinq ſols de ſupplément, en paſſant préſens aux revûes des Commiſſaires des guerres.

RÉGIMENT des CARABINIERS de M. le Comte de PROVENCE.

CHACUNE des quarante compagnies qui compoſent les cinq brigades du régiment des Carabiniers de M. le Comte de Provence, de trente-cinq maîtres chacune, ſera payée ſur le pied par jour, de cinq livres au Capitaine, dont trois livres dix-huit ſols de ſupplément; cinquante ſols au Lieutenant, dont trente-cinq ſols de ſupplément; trente-cinq ſols au Cornette, dont vingt-trois ſols de ſupplément; vingt-cinq ſols au Maréchal-des-logis, dont dix-ſept ſols de ſupplément; ſept ſols à chacun des deux Brigadiers, dont deux ſols ſix deniers de ſupplément, & ſix ſols à chacun des trente-trois Carabiniers, compris le Trompette & le Timbalier qui eſt en chacune des cinq compagnies Meſtre-de-camp, dont deux ſols de ſupplément.

État-major.

L'État-major dudit régiment, ſera payé, conformément à l'ordonnance du 13 mai 1758, ſur le pied par mois, de ſeize cens trente-ſix livres treize ſols quatre deniers au Meſtre-de-camp-lieutenant, dont neuf cens ſoixante-dix livres pour ſes appointemens en ladite qualité, & ſix cens ſoixante-ſix livres treize ſols quatre deniers en celle d'Inſpecteur d'Inspecteur dudit Corps; & quatre cens soixante-dix livres au Major.

A l'égard de l'État-major de chacune des cinq brigades, il sera payé sur le pied par mois, de soixante-dix-sept livres quinze sols au Mestre-de-camp, cinquante-huit livres cinq sols au Lieutenant-colonel, outre leurs appointemens de Capitaine; cent trente-cinq livres à l'Aide-major, soixante-quinze livres au Sous-aide-major, quarante-cinq livres à l'Aumônier, dont trente livres de supplément, & vingt-quatre livres cinq sols au Chirurgien, dont neuf livres cinq sols de supplément.

Appointemens conservés aux Majors des brigades.

Sa Majesté ayant supprimé par ladite ordonnance particulière du 13 mai 1758, la majorité particulière de chaque brigade, & ordonné que les Officiers qui en étoient pourvûs passeroient à des compagnies; son intention est qu'ils jouissent, jusqu'à leur remplacement, de six livres d'appointemens par jour en campagne.

RÉGIMENT de CAVALERIE IRLANDOISE de FILTZJAMES. Compagnies.

CHACUNE des huit compagnies du régiment de Cavalerie irlandoise de Filtzjames, composée de quarante maîtres, sera payée à raison par jour, de quatre livres au Capitaine, dont trente sols de supplément; quarante sols au Lieutenant, dont quinze sols de supplément; vingt-sept sols six deniers au Cornette, dont huit sols neuf deniers de supplément; vingt-un sols huit deniers au Maréchal-des-logis, dont huit sols quatre deniers de supplément; huit sols à chacun des deux Brigadiers, dont deux sols de supplément; & sept sols à chacun des trente-huit Cavaliers, y compris le Trompette & le Timbalier où il doit y en avoir, dont un sol six deniers de supplément.

État-major.

L'État-major dudit régiment, sera payé sur le pied par jour, de cinq livres treize sols quatre deniers au Mestre-de-camp, dont trente-trois sols quatre deniers de supplément; dix livres six sols huit deniers au Lieutenant-colonel, dont sept livres dix sols de supplément, tant pour leurs appointemens en leurdite qualité, que pour leur tenir lieu de ceux de Capitaine, ne devant point avoir de compagnie; cinq livres au Major, dont quarante sols de ſupplément; cinquante ſols à l'Aide-major, dont vingt ſols de ſupplément; trente ſols à l'Aumônier, dont quinze ſols de ſupplément; & treize ſols ſix deniers au Chirurgien, dont ſix ſols ſix deniers de ſupplément.

Officiers réformés de Filtzjames.

Les Officiers réformés avec appointemens, tant des anciennes que des dernières réformes, qui ſont à la ſuite dudit régiment, où ils doivent ſervir toute l'année, ſeront payés en campagne ſur le pied par jour, de cinq livres deux ſols trois deniers à chaque Meſtre-de-camp, dont quarante-un ſols trois deniers de ſupplément; trois livres trois ſols quatre deniers à chaque Lieutenant-colonel, dont cinq ſols de ſupplément; & trois livres à chaque Capitaine, dont vingt ſols de ſupplément.

ROYAL-ALLEMAND.

Compagnies.

CHACUNE des huit compagnies du régiment Royal-Allemand, composée de quarante maîtres, ſera payée ſur le pied par jour, de cinq livres au Capitaine, dont quarante ſols de ſupplément; cinquante ſols au Lieutenant, dont vingt ſols de ſupplément; trente-cinq ſols au Cornette, dont douze ſols ſix deniers de ſupplément; vingt-cinq ſols au Maréchal-des-logis, dont dix ſols de ſupplément; ſept ſols à chacun des deux Brigadiers, dont deux ſols ſix deniers de ſupplément; & cinq ſols à chacun des trente-huit Cavaliers, y compris les Cadets, Trompettes & Timbalier où il doit y en avoir, dont un ſol ſix deniers de ſupplément.

Cadets.

Il ſera en outre payé un ſol par jour à chaque Cadet qui paſſera en revûe dans le nombre deſdits Cavaliers, ſur le certificat du Commandant du régiment.

État-major.

L'État-major du régiment, ſera payé à raiſon par jour, de ſix livres treize ſols quatre deniers au Meſtre-de-camp, dont trois livres ſix ſols huit deniers de ſupplément; cinq livres à chacun des deux Lieutenans-colonels, dont cinquante ſols de ſupplément, indépendamment de leurs appointemens de Capitaine; ſept livres ſix ſols huit deniers à chacun des deux Majors, dont trois livres trois ſols quatre deniers de ſupplément; cinquante ſols à chacun des deux Aides-majors, dont vingt-trois ſols quatre deniers de ſupplément; ſeize ſols huit deniers au Maréchal-des-logis, dont trois ſols quatre deniers de ſupplément; vingt-trois ſols quatre deniers au Prevôt, dont ſix ſols huit deniers de ſupplément; vingt-un ſols huit deniers à ſon Lieutenant, dont huit ſols quatre deniers de ſupplément; quinze ſols au Greffier, dont cinq ſols de ſupplément; vingt-ſix ſols huit deniers à chacun des Aumônier & Chirurgien, dont huit ſols quatre deniers de ſupplément; & dix ſols à chacun des quatre Archers & à l'Exécuteur de Juſtice, dont deux ſols ſix deniers de ſupplément.

RÉGIMENS de WIRTEMBERG & de NASSAU-SAARBRUCK.

LES huit compagnies de chacun des régimens de Cavalerie allemande de Wirtemberg & de Naſſau-Saarbruck, compoſées de quarante Maîtres chacune, ſeront payées ſur le pied par jour, pour chaque compagnie, de cinq livres au Capitaine, dont quarante ſols de ſupplément; cinquante ſols au Lieutenant, dont vingt ſols de ſupplément; trente-cinq ſols au Cornette, dont douze ſols ſix deniers de ſupplément; vingt-un ſols huit deniers au Maréchal-des-logis, dont huit ſols quatre deniers de ſupplément; ſix ſols à chacun des deux Brigadiers, dont deux ſols de ſupplément; & cinq ſols à chacun des trente-huit Cavaliers, y compris le Trompette & le Timbalier où il doit y en avoir, dont un ſol ſix deniers de ſupplément.

État-major du régiment de Wirtemberg.

L'État-major du régiment de Wirtemberg, ſera payé ſur le pied par jour, ſavoir; de trois livres ſix ſols huit deniers au Meſtre-de-camp, quarante ſols au Lieutenant-colonel, indépendamment de leurs appointemens de Capitaine; ſept livres dix ſols au Major, dont quarante ſols de ſupplément; cinquante ſols à l'Aide-major; treize ſols quatre deniers à chacun des Aumonier, Chirurgien & Auditeur, & ſept ſols ſix deniers à chacun des Greffier, trois Archers & un Exécuteur de Juſtice.

Le Comte de Roſen, Meſtre-de-camp en ſecond du régiment de Wirtemberg, & qui le commande en l'abſence du Prince de Wirtemberg, ſera payé de ſes appointemens, en campagne, ſur le pied de cinq livres treize ſols quatre deniers par jour, ne devant point avoir de compagnie.

État-major du régiment de Nassau-Saarbruck.

L'État-major du régiment de Nassau-Saarbruck, sera payé à raison par jour, de trois livres six sols huit deniers au Mestre-de-camp, dont trente-trois sols quatre deniers de supplément; quarante sols au Lieutenant-colonel, dont vingt sols de supplément, indépendamment de leurs appointemens de Capitaine; sept livres dix sols au Major, dont quatre livres trois sols quatre deniers de supplément; cinquante sols à l'Aide-major, dont vingt-trois sols quatre deniers de supplément, & treize sols quatre deniers à chacun des Aumônier & Chirurgien, dont quatre sols quatre deniers de supplément.

Officiers réformés à la suite des régimens Royal-Allemand, Wirtemberg & de Nassau-Saarbruck.

Les Officiers réformés avec appointemens, tant des anciennes que des dernières réformes, entretenus à la suite desdits trois régimens de Cavalerie allemande où ils doivent servir toute l'année, seront payés en campagne sur le pied par jour, de quatre livres à chaque Mestre-de-camp, dont vingt sols de supplément; trois livres trois sols quatre deniers à chaque Lieutenant-colonel, dont trois sols quatre deniers de supplément; quarante-six sols huit deniers à chacun des Capitaines qui ont eu troupe, & qui proviennent de la dernière réforme, dont seize sols huit deniers de supplément; & quarante sols à chacun des autres, dont dix sols de supplément.

RÉGIMENT de CAVALERIE LIÉGEOISE de RAUGRAVE.

CHACUNE des huit compagnies du régiment de Cavalerie liégeoise de Raugrave, de quarante Maîtres chacune, sera payée en campagne, sur le pied par jour, de cinq livres au Capitaine, cinquante sols au Lieutenant, trente-cinq sols au Cornette; vingt-un sols huit deniers au Maréchal-des-logis; sept sols à chaque Brigadier, & cinq sols à chaque Cavalier & au Trompette ou Timbalier où il doit y en avoir.

État-major.

L'État-major dudit régiment, sera payé sur le pied par jour, de douze livres six sols huit deniers au Mestre-de-camp, neuf livres au Lieutenant-colonel, tant pour leurs appointemens en ladite qualité, que pour leur tenir lieu de ceux de Capitaine, ne devant point avoir de compagnie; sept livres dix sols au Major, cinquante sols à l'Aide-major, l'Aide-major, trente sols à l'Aumônier, & treize sols quatre deniers au Chirurgien.

Les Capitaines réformés, qui étoient entretenus à la suite dudit régiment avant les augmentations ordonnées les 20 novembre 1756 & premier février dernier, & qui pourroient s'y trouver encore, n'ayant point été remplacés, seront payés en campagne, sur le pied de quarante sols chacun par jour.

Capitaines réformés à la suite du régiment de Raugrave.

LE régiment de Cavalerie légère de Corse, créé par ordonnance du 29 avril 1757, & composé de cent cinquante Maîtres en six compagnies de vingt-cinq Maîtres chacune, sera payé, lorsqu'il servira en campagne, savoir,

RÉGIMENT de CAVALERIE LÉGÈRE de CORSE.

Chaque compagnie, sur le pied par jour, de quatre livres au Capitaine, trente sols au Lieutenant, quinze sols au Maréchal-des-logis, six sols à chacun des deux Brigadiers, & cinq sols à chacun des vingt-trois Cavaliers, y compris le Trompette & le Timbalier où il doit y en avoir.

Compagnies.

L'État-major dudit régiment, sera payé sur le pied par jour, de neuf livres au Mestre-de-camp, sept livres au Lieutenant-colonel, lesquels n'auront point de compagnie; cinq livres au Major, cinquante-six sols huit deniers à l'Aide-major, vingt sols à chacun des Aumônier & Chirurgien, & vingt-six sols huit deniers au Porte-bannière.

État-major.

Chacun des deux régimens Hussards de Berchiny & Turpin, composés de neuf cens hommes, au moyen de l'incorporation qui y a été faite de celui de Polleresky, en conséquence de l'ordonnance du 5 mai 1758, formant six escadrons en douze compagnies de soixante-quinze hommes chacune, seront payés, savoir:

HUSSARDS.

Chacune des douze compagnies par régiment, sur le pied par jour, de cinq livres au Capitaine, dont quarante sols de supplément; cinquante sols au premier Lieutenant, dont vingt sols de supplément; quarante sols au second Lieutenant, dont quinze sols de supplément; trente cinq sols au Cornette, dont douze sols six deniers de supplément, vingt-un sols huit deniers à chacun des

Compagnies.

deux Maréchaux-des-logis, dont huit sols quatre deniers de supplément; dix sols au Fourrier, dont quatre sols de supplément; sept sols à chacun des six Brigadiers, dont deux sols six deniers de supplément; & cinq sols à chacun des soixante-huit Hussards, y compris le Trompette & le Timbalier, où il doit y en avoir, dont un sol six deniers de supplément.

État-major.

L'Etat-major de chacun desdits régimens de Berchiny & Turpin, sera payé sur le pied par jour, de douze livres six sols huit deniers au Mestre-de-camp, dont cinq livres treize sols quatre deniers de supplément; neuf livres au Lieutenant-colonel, dont quatre livres de supplément, tant pour leurs appointemens en leurdite qualité, que pour leur tenir lieu de ceux de Capitaine, ne devant être attachés à aucune compagnie; sept livres six sols huit deniers au Lieutenant-colonel en second, aussi sans compagnie, provenant de l'incorporation des régimens Hussards qui ont été supprimés, dont cinq livres treize sols quatre deniers de supplément; sept livres dix sols au Major, dont trois livres cinq sols de supplément; cinquante sols à l'Aide-major, dont vingt sols de supplément; trente sols à l'Aumônier, dont vingt-un sols de supplément; & treize sols quatre deniers au Chirurgien, dont quatre sols quatre deniers de supplément.

Capitaines en pied & Majors réformés à l'incorporation des régimens Hussards qui ont été supprimés.

Les quatre Capitaines en pied & les trois Majors qui ont été réformés à l'incorporation des régimens de Lynden, Beausobre & Ferrary, & qui sont actuellement entretenus en qualité de Capitaines réformés à la suite des deux régimens Hussards qui sont sur pied, jusqu'à leur remplacement à des compagnies vacantes, recevront en servant en campagne, chacun quatre livres par jour, en passant présens aux revûes des Commissaires des guerres.

Capitaines réformés aux régimens de Hussards, autres que ceux ci-dessus.

Les Capitaines réformés qui étoient à la suite des régimens de Hussards de Linden, Beausobre & Ferrary, avant l'incorporation, & qui ont été distribués dans Berchiny & Turpin, & ceux du même grade qui se sont trouvés attachés à ces deux derniers régimens, lors de ladite incorporation, seront payés en campagne, à raison chacun de quarante sols par jour, en passant présens aux revûes.

Aides-majors du régiment de Polleresky supprimé.

Sa Majesté ayant bien voulu par ladite ordonnance du 5 mai 1758, entretenir dans les régimens de Berchiny & de Turpin, sous le titre de seconds Aides-majors les deux Aides-majors du régiment de Polleresky supprimé, son intention est qu'ils soient payés en campagne sur le pied de cinquante sols chacun par jour.

Officiers réformés dudit régiment.

A l'égard des Officiers réformés qui étoient à la suite dudit régiment de Polleresky, & qui ont passé à la suite des régimens de Berchiny & de Turpin, ils recevront le même traitement que ceux attachés à ces deux régimens.

RÉGIMENT ROYAL-NASSAU de CAVALERIE LÉGÈRE ALLEMANDE.

Le régiment Royal-Nassau, de Cavalerie légère Allemande, créé par ordonnance du 18 novembre 1756, & porté par celle du 14 du présent mois de juin, à quatre escadrons, de cent cinquante hommes chacun, en sept compagnies, dont la première de cent cinquante hommes, & les six autres de soixante-quinze, sera payé en campagne, savoir;

Compagnies.

La première compagnie, qui sera commandée par le Mestre-de-camp-lieutenant, sur le pied par jour, de cinq livres au Capitaine, de pareilles cinq livres au Capitaine en second, cinquante sols à chacun des deux Lieutenans en premier, quarante sols à chacun des deux Lieutenans en second, trente-cinq sols à chacun des deux Cornettes, vingt-un sols huit deniers à chacun des quatre Maréchaux-des-logis, dix sols à chacun des deux Fourriers, sept sols à chacun des douze Brigadiers, & cinq sols à chacun des cent trente-quatre Cavaliers, un Trompette & un Timbalier.

Chacune des six autres compagnies de soixante-quinze hommes, sur le pied par jour, de cinq livres au Capitaine, cinquante sols au Lieutenant en premier, quarante sols au Lieutenant en second, trente-cinq sols au Cornette, vingt-un sols huit deniers à chacun des deux Maréchaux-des-logis, dix sols au Fourrier, sept sols à chacun des six Brigadiers, & cinq sols à chacun des soixante-sept Cavaliers & au Trompette.

État-major. L'État-major dudit régiment, sera payé sur le pied par jour, de trois livres six sols huit deniers au Mestre-de-camp-lieutenant, indépendamment de ses appointemens de Capitaine de la première compagnie; neuf livres au Lieutenant-colonel, tant pour ses appointemens en cette qualité, que pour lui tenir lieu de ceux de Capitaine, ne devant point avoir de compagnie; sept livres dix sols au Major, cinquante sols à l'Aide-major, trente sols à l'Aumônier, treize sols quatre deniers au Chirurgien, & dix sols au Prevôt.

DRAGONS. Chacun des seize régimens de Dragons, mis par ordonnance du 18 août 1755, à quatre escadrons de cent soixante hommes chacun, en quatre compagnies de quarante Dragons montés, faisant en total six cens quarante hommes par régiment, sera payé, savoir;

Compagnies. Chacune des seize compagnies par régiment, composée de quarante hommes, sur le pied par jour, de trois livres dix sols au Capitaine, dont cinquante-cinq sols de supplément; trente sols au Lieutenant, dont vingt sols de supplément; vingt sols au Cornette, dont quatorze sols de supplément; quinze sols au Maréchal-des-logis, dont dix sols de supplément; cinq sols six deniers à chacun des deux Brigadiers, dont deux sols six deniers de supplément; & quatre sols six deniers à chaque Dragon & au Tambour, dont deux sols de supplément.

Sous-lieutenant & Cornette en charge dans les deux premiers régimens de Dragons. Le Sous-lieutenant & le Cornette, entretenus dans la compagnie Générale du régiment du Colonel général des Dragons, & le Cornette aussi entretenu dans la compagnie Mestre-de-camp du régiment Mestre-de-camp général, seront payés, à raison par jour, de vingt-trois sols quatre deniers au Sous-lieutenant, dont quinze sols quatre deniers de supplément, & de vingt sols à chaque Cornette, dont quatorze sols de supplément,

État-major. L'État-major de chaque régiment de Dragons, sera payé sur le pied par jour, de neuf livres au Mestre-de-camp, dont sept livres six sols huit deniers de supplément; sept livres six sols huit deniers au Lieutenant-colonel, dont

dont deux livres quinze sols de supplément, tant pour leurs appointemens en leurdite qualité que pour leur tenir lieu de ceux de Capitaine, ne devant point avoir de compagnie; quatre livres au Major, dont trois livres cinq sols de supplément; cinquante sols à chacun des premier & second Aide-major, dont quarante sols de supplément, & trente sols à l'Aumônier, dont vingt-un sols de supplément.

Mestre-de-camp en second du régiment de Dragons d'Orléans.

Le S.r marquis de Pons, Mestre-de-camp-lieutenant en second du régiment de Dragons d'Orléans, sera payé de ses appointemens en ladite qualité en campagne, sur le pied de cent trente-six livres treize sols quatre deniers par mois, en passant présent aux revûes des Commissaires des guerres.

Colonel-général & Mestre-de-camp général, qui conservent leur compagnie.

Le Colonel-général & le Mestre-de-camp général des Dragons, auxquels Sa Majesté a conservé leur compagnie, continueront de recevoir en campagne, indépendamment de leurs appointemens de Capitaine, les dix livres par jour qui leur sont attribués en qualité de Mestre-de-camp, par l'ordonnance de Solde d'hiver.

Anciens Commandans des compagnies à pied de Dragons.

Le Capitaine qui commandoit les quatre compagnies à pied de chaque régiment de Dragons, & qui a passé à une compagnie, continuera de recevoir, indépendamment de ses appointemens de Capitaine, deux livres trois sols quatre deniers par jour, à titre de supplément d'appointemens, jusqu'à ce qu'il passe à un autre grade dont le traitement ne sera point inférieur; & celui qui lui succédera à sa compagnie, ne recevra que les appointemens ordinaires de Capitaine.

Officiers réformés à la suite des régimens de Dragons.

Les Officiers réformés avec appointemens, qui auront ordre de servir à la suite des régimens de Dragons, seront payés en campagne, sur le pied qui leur a été réglé pendant l'hiver, à la déduction de trente livres par mois pour chaque Mestre-de-camp, Lieutenant-colonel & Capitaine, & de quinze livres pour chaque Lieutenant.

Volontaires de Schomberg.

Le régiment de Cavalerie légère des Volontaires de Schomberg, porté par ordonnance du premier février dernier, à quatre cens quatre-vingts hommes, en six brigades de quatre-vingts hommes montés chacune, sera payé, savoir;

Brigades. Chacune des six brigades, sur le pied par jour, de treize livres au Capitaine, y compris vingt sols de supplément; quatre livres seize sols huit deniers au Capitaine en second, trois livres six sols huit deniers au Lieutenant en premier, deux livres treize sols quatre deniers au Lieutenant en second, quarante-cinq sols au Cornette, trente sols à chacun des deux Maréchaux-des-logis, huit sols à chacun des quatre Brigadiers, sept sols à chacun des quatre Sous-brigadiers, six sols à chacun des soixante-dix Volontaires, & dix sols à chaque Trompette.

État-major. L'État-major dudit régiment, sera payé sur le pied par jour, de trente-neuf livres six sols huit deniers au Mestre-de-camp, qui n'aura point de compagnie; treize livres au Major, cinq livres dix sols à l'Aide-major, quarante-trois sols quatre deniers à l'Auditeur, pareils quarante-trois sols quatre deniers à l'Aumônier, trois livres au Chirurgien-major, trente sols au Maréchal-des-logis tenant lieu de Fourrier, quarante sols au Prevôt, & pareils quarante sols au Timbalier & à chacun des quatre Hautbois, vingt-six sols huit deniers au Maître charpentier, & vingt-trois sols quatre deniers à chacun des six Charpentiers.

Appointemens du Lieutenant-colonel du régiment de Schomberg. Sa Majesté ayant jugé à propos de régler, par une décision particulière du 16 mars 1757, qu'à compter dudit jour il seroit retenu en faveur & pendant la vie du S.[r] le Fort, ci-devant Lieutenant-colonel du régiment des Volontaires de Schomberg, la somme de trois mille livres par an sur les appointemens de la lieutenance-colonelle; Elle auroit consenti en même temps à ce que le Sr de Cholet, qui lui a succédé dans cette charge, conservât la brigade qu'il avoit dans ledit régiment; à l'effet de quoi Elle ordonne que cette somme de trois mille livres sera prélevée sur les six mille deux cens quarante livres d'appointemens par an attachées à ladite charge de Lieutenant-colonel, & payée à compter dudit jour 16 mars 1757 au S.[r] le Fort, sur les ordres particuliers que Sa

Majesté fera expédier à cet effet, & que tant que cette retenue aura lieu, ledit Sr de Cholet ne reçoive que neuf livres par jour pour ses appointemens de Lieutenant-colonel, indépendamment de son traitement de Capitaine Chef de brigade, dont lui & ses successeurs en ladite charge de Lieutenant-colonel jouiront jusqu'à ce que ladite retenue cesse; son intention étant qu'alors lesdits appointemens soient rétablis à dix-sept livres six sols huit deniers par jour, & que ceux qui rempliront cette charge les reçoivent sur ce pied, en observant qu'ils ne devront plus avoir de brigade, conformément à l'ordonnance du 8 janvier 1751.

Pour le payement de la solde sans aucune retenue.

Au moyen du traitement réglé ci-dessus aux Capitaines Chefs de brigade, Sa Majesté entend qu'ils ne puissent rien retenir sur la solde des Brigadiers, Sous-brigadiers, Trompettes & Volontaires, soit pour le ferrage des chevaux ou quelque autre chose que ce soit, qui demeurera à la charge desdits Capitaines: Ordonne Sa Majesté qu'ils soient tenus de fournir par année, à chacun des hommes de leur brigade, une paire de souliers, deux chemises, un col, & ce qu'il a été d'usage jusqu'à présent de leur donner, indépendamment de leur solde.

IX.

Supplément de paye au Fourrier établi dans les compagnies.

Sa Majesté ayant réglé par l'ordonnance de solde du 25 février dernier, qu'il seroit entretenu un Fourrier en chacune des compagnies de ses régimens de Cavalerie françoise, des cinq brigades du régiment des Carabiniers de M. le Comte de Provence, & de chacun des régimens de Filtzjames, Royal-Allemand, Wirtemberg, Nassau & Raugrave, & deux Fourriers en chacune des six brigades des Volontaires de Schomberg, son intention est que ces Fourriers continuent de jouir du supplément de paye par jour, qui leur est réglé par ladite ordonnance, qui est de cinq sols dans les régimens de Cavalerie françoise, Royal-Allemand, Wirtemberg, Nassau & Raugrave; de cinq sols six deniers dans le régiment des Carabiniers de

M. le Comte de Provence, de trois ſols dans celui de Filtzjames, & de quatre ſols ſix deniers dans les Volontaires de Schomberg.

Veut auſſi Sa Majeſté que les quatre Carabiniers qui ſont en chacune des compagnies des cinquante-cinq régimens de Cavalerie françoiſe & des régimens étrangers de Filtzjames, Royal-Allemand, Wirtemberg, Naſſau-Saarbruck & Raugrave, & les quatre plus anciens Carabiniers de chacune des compagnies des cinq brigades du régiment des Carabiniers de M. le Comte de Provence, jouiſſent, pendant la campagne, du ſupplément de paye de ſix deniers par jour, qui leur a été réglé par ladite ordonnance de ſolde du 25 février dernier.

X.

Maſſe de la Cavalerie & des Dragons.

OUTRE la ſolde ci-deſſus de la Cavalerie françoiſe & étrangère & des Dragons, il ſera payé douze deniers par jour pour chaque Fourrier, Brigadier, Cavalier, Carabinier, Huſſard, Volontaire, Dragon, Trompette, Timbalier & Tambour, pour former une maſſe toûjours complète par année, dont le fonds reſtera entre les mains du Tréſorier général de l'extraordinaire des guerres, pour être délivré & employé à la fin de chaque année, ainſi qu'il eſt réglé par l'ordonnance de ſolde du 25 février 1758.

Pour le payement de la ſolde ſans retenue pendant la campagne.

L'intention de Sa Majeſté eſt que ce qui eſt ci-deſſus réglé pour les Gardes, Gendarmes, Chevaux-légers, Mouſquetaires & Grenadiers à cheval, & pour les Sergens, Soldats, Gendarmes & Chevaux-légers de la Gendarmerie, Cavaliers, Carabiniers, Huſſards & Dragons des troupes tant françoiſes qu'étrangères, pendant qu'elles ſe trouveront en campagne, leur ſoit entièrement payé, ſans que les Capitaines puiſſent en rien retenir, ſous quelque prétexte que ce puiſſe être; au moyen de quoi, Sa Majeſté veut & entend que la retenue qu'Elle a preſcrite par l'ordonnance de ſolde du 25 février 1758, d'un ſol par jour ſur celle de chaque Cavalier, Carabinier, Huſſard & Dragon, pour reſter entre les mains du Major, Aide-major

major ou autre Officier chargé du détail de chaque Corps, pour leur être délivré tous les trois mois, après que ledit Officier-major aura examiné s'ils ſont fournis de linge, culotte, bas & ſouliers, n'ait lieu en temps de guerre, que pendant les ſix mois d'hiver, & juſqu'au temps que les régimens qui ſeront deſtinés à ſervir en campagne y entreront.

Pour le traitement des troupes dans les garniſons pendant la campagne.

Comme quelques-uns des régimens deſtinés à ſervir dans les Armées, pourroient demeurer dans les Places pendant une partie de la campagne, Sa Majeſté entend qu'ils y ſoient payés de leur ſolde d'hiver en conformité de l'ordonnance du 25 février 1758, que le pain ſoit fourni aux Sergens, Soldats, Cavaliers, Carabiniers, Huſſards, Dragons, Trompettes, Timbaliers & Tambours, & qu'il ſoit retenu ſur leur ſolde deux ſols pour chaque ration.

X I.

Pain de munition aux Troupes.

SA MAJESTÉ voulant régler les quantités de rations de pain de munition qui ſeront fournies aux troupes deſtinées à ſervir dans ſes Armées pendant la campagne prochaine, Elle ordonne que cette fourniture leur ſoit faite ſur le pied ci-après,

SAVOIR:

rations.

GARDES-FRANÇOISES.

Compagnies de Grenadiers.

A chaque compagnie de Grenadiers des quatre bataillons du régiment des Gardes-françoiſes, qui ſerviront en campagne, compoſée de cent quatre Grenadiers, qui auront chacun une ration, & de ſix Sergens qui auront chacun deux rations, la quantité de cent ſeize rations de pain de munition par jour (les Officiers n'en devant point avoir), ci . . . . 116.

Compagnies de Fuſiliers.

A chaque compagnie de Fuſiliers deſdits quatre bataillons du régiment des Gardes-françoiſes, qui ſerviront en campagne, compoſée de cent trente-quatre Fuſiliers qui auront chacun une ration, & de ſix Sergens qui auront chacun deux rations, la quantité de cent quarante-ſix

rations.

rations de pain par jour (les Officiers n'en devant point avoir), ci . . . . 146.

Gardes-Suisses. Compagnies. A chacune des huit compagnies du régiment des Gardes-suisses, qui serviront en campagne, composée de deux cens hommes, les Officiers compris, la quantité de deux cens rations par jour, ci . . . . 200.

Retenue pour le pain de munition des Gardes-françoises & Suisses. Pour lequel pain de munition ci-dessus réglé pour les compagnies de Grenadiers & de Fusiliers du régiment des Gardes-françoises, & compagnies du régiment des Gardes-suisses, il sera retenu sur la solde desdites compagnies deux sols par ration de pain qui leur sera fournie, conformément au nombre d'hommes qui seront employés dans les revûes des Commissaires des guerres préposés à cet effet.

Infanterie françoise, Corps des Grenadiers de France, Corps royal de l'Artillerie. Infanterie Italienne, Irlandoise & Écossoise, & les régimens Royal-Lorraine & Royal-Barrois. Il sera fourni du pain de munition aux Officiers & Soldats des régimens d'Infanterie françoise, du Corps des Grenadiers de France, des six bataillons, six compagnies de Mineurs, & six compagnies d'Ouvriers du corps Royal de l'Artillerie; & des régimens d'Infanterie Italienne, Irlandoise & Écossoise, & les régimens Royal-Lorraine & Royal-Barrois, lorsqu'ils serviront en campagne, sur le pied par jour, savoir;

rations.

Compagnies. A chaque Capitaine en pied, six rations, ci . . . . 6.

A chaque Capitaine en second, ci-devant en pied, provenant de la réforme de 1748, & qui tiennent lieu de Lieutenant dans les compagnies, pareil nombre de six rations, ci . . . . 6.

A chaque Capitaine en second du Corps royal de l'Artillerie, des régimens Royal-Italien & Royal-Corse, & des régimens Irlandois & Écossois, la quantité de cinq rations, ci . . . . 5.

A chaque Lieutenant des compagnies d'Infanterie françoise, des régimens Royal-Italien & Royal-Corse, des régimens Irlandois & Écossois, & les premier & second Lieutenans des compagnies du Corps royal de l'Artillerie, la quantité de quatre rations, ci . . . . 4.

A chaque second Capitaine en second du régiment Royal-Italien, qui fait les fonctions de Lieutenant, pareille quantité de quatre rations, ci . . . . 4.

rations.

A chaque Lieutenant en second, Sous-lieutenant & Enseigne, trois rations, ci . . . . 3.

A chaque Lieutenant en second & Sous-lieutenant sans appointemens qui servent dans le régiment du Roi, trois rations, ci . . . . 3.

A chaque Sergent d'Infanterie & Maître-ouvrier, deux rations, ci . . . . 2.

A chaque Caporal, Anspessade, Sous-maître-ouvrier, Grenadier, Appointé, Fusilier, Sappeur, Canonnier, Bombardier, Mineur, Ouvrier, Apprentif & Tambour, une ration, ci . . . . 1.

Surnuméraires du régiment du Roi.

A chacun des trois cens quarante Surnuméraires qui sont entretenus au-delà du complet, dans le régiment d'Infanterie de Sa Majesté, à raison de cinq hommes par compagnie, une ration, ci . . . . 1.

États-majors de l'Infanterie Françoise, &c.

Les Officiers de l'État-major de chacun des régimens d'Infanterie Françoise, Italienne & Écossoise, & de chacun des six bataillons du Corps royal de l'Artillerie, & des régimens Royal-Lorraine & Royal-Barrois, en servant en campagne, recevront le pain de munition sur le pied par jour, savoir;

rations.

A chaque Colonel sans compagnie, dix-huit rations, ci . 18.

Au Colonel en second de chacun des régimens des Gardes de Lorraine & de Royal-Corse, quatorze rations, ci . . 14.

A chaque Lieutenant-colonel sans compagnie, dix rations, ci . . . . 10.

A chaque Commandant des second, troisième & quatrième bataillons d'Infanterie Françoise, huit rations, ci . . . . 8.

A chaque Major, six rations, ci . . . . 6.

A chaque Aide-major, & à chacun des six Sous-aides-majors du Corps royal de l'Artillerie, quatre rations, ci . 4.

A chaque Maréchal-des-logis, trois rations, ci . . . . . . 3.

A chaque Aumônier & Chirurgien, deux rations, ci . . . 2.

Au Tambour-major de chacun des régimens Royal-Italien & Royal-Corse, une ration, ci . . . . 1.

Colonel-lieutenant du régiment du Roi.

Au Colonel-lieutenant du régiment d'Infanterie de Sa

rations.

Majeſté, auquel la compagnie a été conſervée, douze rations de pain par jour, outre celles qui lui ſont attribuées comme Capitaine, ci . . . . 12.

Maîtres à enſeigner du régiment du Roi. Aux quatre Maîtres, pour enſeigner, du régiment d'Infanterie de Sa Majeſté, la quantité de ſeize rations, à raiſon de quatre rations à chacun, ci . . . . 16.

Prevôtés. La Prevôté de chacun des régimens d'Infanterie Françoiſe où il y en a, de Royal-Italien, Royal-Corſe & de Rooth & Berwick Irlandois, aura du pain de munition en ſervant en campagne, ſur le pied par jour, ſavoir;

rations.

Au Prevôt, quatre rations, ci . . . . 4.

A ſon Lieutenant, trois rations, ci . . . . 3.

Au Greffier, deux rations, ci . . . . 2.

A chacun des cinq Archers & à l'Exécuteur de Juſtice, une ration, ci . . . . 1.

État-major des Grenadiers de France. L'État-major du corps des Grenadiers de France, recevra le pain de munition, en ſervant en campagne, ſur le pied par jour, ſavoir;

rations.

A l'Inſpecteur commandant en chef, vingt-quatre rations, ci . . . . 24.

Au Commandant en ſecond du corps, dix-huit rations, ci . . . . 18.

A chaque Colonel attaché au corps qui ſervira en campagne, ſeize rations par jour, ci . . . . 16.

A chaque Lieutenant-colonel, dix rations, ci . . . . 10.

A chacun des quatre Sergens-majors, ſix rations, ci . . . . 6.

A chacun des quatre Aides-majors, quatre rations, ci . . 4.

Au Tambour-major & au Fifre deſdits Grenadiers de France, chacun une ration, ci . . . . 1.

Officiers réformés d'Infanterie. Les Officiers réformés d'Infanterie Françoiſe, Italienne, Irlandoiſe & Écoſſoiſe, qui ſerviront en campagne à la ſuite deſdits régimens, recevront le pain de munition ſur le pied par jour, ſavoir;

rations.

A chaque Colonel & Lieutenant-colonel, ſix rations, ci . . 6.

A chaque

rations.

A chaque Capitaine, quatre rations, ci . . . . 4.

A chaque Lieutenant, deux rations, ci . . . . 2.

MILICE & RÉGIMENS des GRENADIERS-ROYAUX.

Les compagnies des régimens de Grenadiers-royaux, & celles des bataillons de Milice, qui ſerviront en campagne, auront du pain de munition ſur le pied par jour, ſavoir;

rations.

A chaque Sergent, deux rations, ci . . . . 2.

A chaque Caporal, Anſpeſſade, Grenadier, Grenadier-poſtiche, Fuſilier & Tambour, une ration, ci . . . . . 1.

Pain des Officiers de Grenadiers-royaux.

Sa Majeſté veut bien accorder aux Officiers des régimens de Grenadiers-royaux, en ſervant en campagne, la fourniture du pain de munition *gratis*, ſuivant leur grade, aux mêmes quantités de rations ci-deſſus réglées pour les Officiers de l'Infanterie françoiſe: A l'égard des Officiers des bataillons de Milice ſervant en campagne, ils auront la liberté de prendre du pain de munition, comme par le paſſé; mais il ſera retenu ſur leurs appointemens, deux ſols pour chaque ration de pain qui leur ſera fournie.

TROUPES-LÉGÈRES.

Sa Majeſté veut bien auſſi accorder la fourniture du pain de munition *gratis* aux Officiers d'Infanterie, Cavalerie, Huſſards & Dragons des Troupes légères qui ſerviront dans ſes armées, laquelle fourniture leur ſera faite ſur le pied, par jour, ainſi qu'il eſt expliqué ci-après.

rations.

Compagnies de Grenadiers.

A chaque Capitaine en pied, ſix rations, ci. . . . . . . 6.

A chaque Lieutenant, trois rations, ci . . . . 3.

A chaque Lieutenant en ſecond ou Sous-lieutenant, trois rations, ci. 3.

Compagnies d'Infanterie.

A chaque Capitaine en pied des compagnies d'Infanterie des régimens des Volontaires de Clermont-Prince, des Cantabres-Volontaires, du corps de Fiſcher & des Fuſiliers de Montagne, ſix rations, ci. . . . . 6.

A chaque Capitaine en ſecond, quatre rations, ci. . . . 4.

A chaque Lieutenant en premier, ſecond Lieutenant, Lieutenant en ſecond & Sous-Lieutenant, trois rations, ci. . 3.

		rations.
Compagnies mêlées d'Infanterie, de Cavalerie ou de Dragons, de la Légion-Royale, des régimens des Volontaires de Flandre, des Volontaires du Dauphiné, & des Volontaires d'Alsace.	A chaque Capitaine titulaire, six rations, ci.	6.
Pour la partie de l'Infanterie.	A chaque Capitaine en second, quatre rations, ci. . . .	4.
	A chaque Lieutenant en premier, Lieutenant en second ou Enseigne, trois rations, ci.	3.
Pour la partie de la Cavalerie & Dragons.	A chaque Capitaine en second, quatre rations, ci. . . .	4.
	A chaque second Capitaine en second, trois rations, ci..	3.
	A chaque Lieutenant en premier, Lieutenant en second ou second Lieutenant & Cornette, trois rations, ci. . .	3.
	A chaque Maréchal-des-logis, deux rations, ci.	2.
Compagnies de Cavalerie des Volontaires de Clermont-Prince & du Corps de Fischer.	A chaque Capitaine en pied, six rations, ci.	6.
	A chaque Lieutenant en premier, quatre rations, ci. . .	4.
	A chaque Lieutenant en second & Cornette, trois rations, ci.	3.
	A chaque Maréchal-des-logis, deux rations, ci.	2.
Compagnies de Hussards.	A chaque Capitaine en pied, six rations, ci.	6.
	A chaque Lieutenant en premier, quatre rations, ci. . .	4.
	A chaque Lieutenant en second & Cornette, trois rations, ci	3.
	A chaque Maréchal-des-logis, deux rations, ci	2.
Compagnies d'Ouvriers.	Au Capitaine, quatre rations, ci	4.
	A chaque Lieutenant en premier, Lieutenant en second & Sous-lieutenant, trois rations, ci.	3.
État-major des régimens & Corps de Troupes-légères.	A chaque Colonel ou Commandant sans compagnie, dix-huit rations, ci	18.
	A chaque Colonel ou Commandant, avec compagnie, douze rations, ci.	12.

rations.

A chaque Lieutenant-colonel ſans compagnie, dix rations, ci. . . . . 10.

A chaque Lieutenant-colonel avec compagnie, quatre rations, ci. . . . . 4.

Au Lieutenant-colonel en ſecond ſans compagnie, ſix rations, ci. . . . . 6.

A chaque Major, ſix rations, ci. . . . . 6.

A chaque Aide-Major d'Infanterie, Cavalerie ou Dragons, quatre rations, ci. . . . . 4.

A chaque Aumônier, deux rations, ci . . . . 2.

A chaque Chirurgien-major & Chirurgien Aide-major, deux rations, ci . . . . 2.

Au Maréchal-des-logis, deux rations. . . . . 2.

Au Prevôt, trois rations, ci. . . . . 3.

A l'Auditeur, trois rations, ci . . . . 3.

Au Greffier, deux rations, ci . . , ... 2.

A chaque Archer & Exécuteur, une ration, ci. . . . . . . 1.

A l'égard des Sergens, Cadets, Fourriers, Capitaines d'armes, Caporaux, Anſpeſſades, Canonniers, Charpentiers, Ouvriers, Grenadiers, Fuſiliers, Tambours, Brigadiers, Cavaliers, Huſſards, Dragons, Trompettes & Timbaliers, il leur ſera fourni, lorſque les Corps ſerviront auſſi en campagne, ſavoir, deux rations de pain de munition par jour à chaque Sergent, & une ration à chacun des autres; mais il leur ſera retenu alors deux ſols pour chaque ration ſur leur ſolde.

rations.

SUISSES & GRISONS. Compagnies. Retenue pour le pain.

Chacune des compagnies des régimens Suiſſes & Griſons, qui ſerviront en campagne, compoſée de cent vingt hommes, y compris les Officiers, recevra cent vingt rations de pain par jour, & il ſera retenu ſur la ſolde deux ſols pour chaque ration qui lui ſera fournie, ſuivant les revûes des Commiſſaires des guerres, ci. . . 120.

Douze régimens d'Infanterie allemande, le régiment étranger de Boüillon &

Les compagnies des douze régimens d'Infanterie Allemande d'Alſace, Bentheim, la Marck, Royal-Suédois, Royal-Bavière, Lowendal, Bergh, Naſſau-Wzingen, du Prince Louis de Naſſau-Saarbruck, la Dauphine, Saint-Germain & Royal-Pologne, du régiment étranger de Boüillon,

rations.

deux régimens d'Infanterie liégeoise. Compagnies. créé par ordonnance du 18 janvier 1757, & des régimens d'Infanterie liégeoise de Vierzet & d'Horion, créés par ordonnance du 25 mars 1757, composées de quatre-vingt-cinq hommes chacune, non compris les Officiers, recevront le pain de munition, en servant en campagne, sur le pied de quatre-vingt-cinq rations par jour à chaque compagnie (les Officiers en pied ou réformés à la suite desdits régimens, n'en devant point avoir), dont la retenue sera faite sur la solde, à raison *Retenue pour le pain.* de deux sols pour chacune des rations qui seront fournies auxdites compagnies, suivant les revûes des Commissaires des guerres, ci . . . . 85.

ROYAL-DEUX-PONTS. Compagnies. Chacune des vingt-quatre compagnies du régiment Royal-deux-Ponts, d'Infanterie allemande, composée de cent treize hommes, non compris les Officiers, recevra le pain de munition, en servant en campagne, sur le pied de cent treize rations par jour (les Officiers n'en devant point avoir), dont la retenue sera faite sur la solde, *Retenue pour le pain.* à raison de deux sols pour chaque ration qui sera fournie aux compagnies, suivant les revûes des Commissaires des guerres, ci. . . . . 113.

GENDARMERIE.

GARDES-DU-CORPS du ROI. LES Cornettes des quatre compagnies des Gardes-du-Corps de Sa Majesté, auront le pain de munition, en servant en campagne, sur le pied par jour, savoir;

rations.

A chaque Lieutenant & Enseigne, six rations, ci. . . . . 6.

A chaque Exempt & Aide-major qui auront rang d'Enseigne, pareille quantité de six rations, ci. . . . . 6.

A chaque Exempt, Aide-major & Sous-aide-major, quatre rations, ci . . . . 4.

A chacun des quatre Aumôniers, deux rations, ci . . . . 2.

A chaque Brigadier, Sous-brigadier, Garde-du-Corps, Trompette, Timbalier & Chirurgien, une ration, ci . 1.

GENDARMES & CHEVAUX-LÉGERS de la GARDE du ROI. La Cornette de la compagnie des Gendarmes & celle de la compagnie des Chevaux-légers de la garde de Sa Majesté, auront du pain de munition, en servant en campagne, sur le pied par jour, savoir;

rations.

A chaque Capitaine-lieutenant, douze rations, ci. . . . . 12.

A chaque Sous-lieutenant, six rations, ci . . . . 6.

A chaque

rations.

A chaque Enseigne, Guidon & Cornette, trois rations, ci. . . , ... 3.

A chaque Aide-major, Maréchal-des-logis & Aumônier, deux rations, ci . . . . 2.

A chaque Brigadier, Sous-brigadier, Porte-étendard, Sous-aide-major, Gendarme, Chevau-leger, Trompette, Timbalier, Chirurgien, Apothicaire, Fourrier, Sellier & Maréchal-ferrant, une ration, ci . . . . 1.

Mousquetaires de la Garde du Roi.

Les détachemens des deux compagnies de Mousquetaires de la garde de Sa Majesté, auront le pain de munition, en servant en campagne, sur le pied par jour, savoir;

rations.

A chaque Sous-lieutenant, Enseigne & Cornette, six rations, ci . . . . 6.

A chaque Maréchal-des-logis, dont deux font les fonctions d'Aide-major, deux rations, ci . . . . 2.

A chaque Aumônier, deux rations, ci . . . . 2.

A chaque Brigadier, Sous-brigadier, dont deux font les fonctions de Sous-aide major, Porte-étendard, Mousquetaire, Tambour, Chirurgien, Apothicaire, Fourrier, Sellier & Maréchal-ferrant, une ration, ci . . . . 1.

Grenadiers à cheval.

La compagnie des Grenadiers à cheval de Sa Majesté, recevra le pain de munition, en servant en campagne, sur le pied par jour, savoir;

rations.

Au Capitaine-lieutenant, six rations, ci . . . . 6.

A chaque Lieutenant, quatre rations, ci . . . . 4.

A chaque Sous-lieutenant, trois rations, ci . . . . 3.

A chaque Maréchal-des-logis & à l'Aumônier, deux rations, ci . . . . 2.

A chaque Sergent, Brigadier, Sous-brigadier, Appointé, Porte-étendard, Grenadier à cheval & Tambour, une ration, ci . . . . 1.

Gendarmerie. Compagnies de Gendarmes & de Chevaux-légers.

Les dix compagnies de Gendarmes, & les six compagnies de Chevaux-légers de la Gendarmerie, recevront le pain de munition, en servant en campagne, sur le pied par jour, savoir;

rations.

A chaque Capitaine-lieutenant, dix rations, ci . . . . . . 10.

A chaque Sous-lieutenant, quatre rations, ci . . . . . . 4.

A chaque Enſeigne, Guidon & Cornette, trois rations, ci . . . . 3.

A chaque Maréchal-des-logis, deux rations, ci . . . . . 2.

A chaque Brigadier, Sous-brigadier, Porte-étendard, Gendarme, Chevau-léger, Trompette, & à chacun des huit Timbaliers de ladite Gendarmerie, une ration, ci . 1.

État-major de la Gendarmerie.

Au Major, douze rations, ci . . . . 12.

A l'Aide-major, huit rations, ci . . . . 8.

A chacun des deux Sous-aides-majors, ſix rations, ci . . 6.

A chacun des deux Aumôniers de ladite Gendarmerie, deux rations, ci . . . . 2.

CAVALERIE FRANÇOISE ET ETRANGÉRE, CARABINIERS, HUSSARDS & DRAGONS.

CAVALERIE, HUSSARDS & DRAGONS.

Les compagnies des régimens de Cavalerie françoiſe, des Carabiniers de M. le Comte de Provence, de la Cavalerie étrangère, de Huſſards & de Dragons, qui ſerviront en campagne, recevront le pain de munition ſur le pied par jour, ſavoir;

Compagnies.

rations.

A chaque Capitaine en pied & à chaque Capitaine réformé en 1748 & 1749, qui a eu troupe, ſix rations, ci . . . 6.

A chaque Lieutenant & au Sous-lieutenant en charge qui eſt en chacune des compagnies Colonelle des régimens du Colonel-général de la Cavalerie & du Colonel-général des Dragons, quatre rations, ci . . . . 4.

A chaque Cornette, trois rations, ci . . . . 3.

A chaque Maréchal-des-logis, deux rations, ci . . . . . 2.

A chaque Fourrier, Brigadier, Cavalier, Carabinier, Volontaire, Huſſard, Dragon, Trompette, Timbalier, & Tambour, une ration, ci . . . . 1.

États-majors de la Cavalerie, des Huſſards & des Dragons.

Les Officiers des États-majors deſdits régimens de Cavalerie & de Dragons, qui ſerviront en campagne, recevront le pain de munition ſur le pied par jour, ſavoir;

rations.

A chaque Mestre-de-camp de Cavalerie & de Dragons, & Mestre-de-camp-lieutenant de chaque brigade du régiment des Carabiniers, auxquels Sa Majesté a conservé les compagnies, douze rations, indépendamment de celles qu'ils reçoivent comme Capitaine, ci . . . . . 12.

A chaque Lieutenant-colonel, auquel Sa Majesté a pareillement conservé sa compagnie, y compris le second Lieutenant-colonel qui est dans le régiment Royal-Allemand, quatre rations, outre celles qui lui sont attribuées comme Capitaine, ci . . . . 4.

A chaque Mestre-de-camp de Cavalerie & de Dragons, sans compagnie, dix-huit rations, ci . . . . 18.

Au Mestre-de-camp-lieutenant du régiment des Carabiniers, vingt-quatre rations, ci . . . . 24.

Au Major du même régiment, ayant rang de Mestre-de-camp, douze rations, ci . . . . 12.

A chaque Lieutenant-colonel, aussi sans compagnie, dix rations, ci . . . . 10.

Au Lieutenant-colonel en second qui est entretenu en chacun des régimens de Hussards, huit rations, ci . . . 8.

Au Major du régiment de Wirtemberg, huit rations, ci . . 8.

A chaque Major, dont deux dans Royal-Allemand, six rations, ci . . . . 6.

A chaque Aide-major des Carabiniers, six rations, ci . . 6.

A chaque Aide-major de Cavalerie, Hussards & Dragons, & Sous-aide-major de Carabiniers, quatre rations, ci . . 4.

A chaque second Aide-major des régimens de Hussards & de Dragons, quatre rations, ci . . . . 4.

A chaque Aumônier & Chirurgien dans la Cavalerie, & à l'Aumônier seulement dans les Dragons, deux rations, ci . . . . 2.

Royal-Allemand.

Dans le régiment de Royal-Allemand, deux rations au Maréchal-des-logis de l'État-major, ci . . . . 2.

Prevôté.

Au Prevôt dudit régiment, quatre rations, ci . . . . . . 4.

A son Lieutenant, trois rations, ci . . . . 3.

Au Greffier, deux rations, ci . . . . 2.

A chacun des quatre Archers & à l'Exécuteur de Justice, une ration, ci . . . . 1.

Pour les femmes & enfans dudit régiment Royal-Allemand, la quantité de soixante rations de pain par jour, ci . . . 60.

rations.

Wirtemberg. Prevôté. Dans le régiment de Wirtemberg, quatre rations par jour à l'Auditeur, ci . . . . 4.

Au Greffier, deux rations, ci . . . . 2.

A chacun des trois Archers & à l'Exécuteur de Justice, une ration, ci . . . . 1.

Royal-Nassau de Cavalerie légère Allemande. Prevôté. Au Prevôt du régiment Royal - Nassau, trois rations, ci . . . . 3.

Volontaires de Schomberg. Les Officiers du régiment des Volontaires de Schomberg, auront la fourniture de pain de munition *gratis*, lorsque ce régiment servira en campagne; elle leur sera faite sur le pied par jour, savoir;

rations.

Brigades. A chaque Capitaine chef de brigade, six rations, ci . . . 6.

A chaque Capitaine en second, quatre rations, ci . . . . 4.

A chaque Lieutenant en premier, Lieutenant en second & Cornette, trois rations, ci . . . . 3.

A chaque Maréchal-des logis, deux rations, ci . . . . . . 2.

État-major. Au Mestre-de-camp qui ne doit point avoir de brigade, dix-huit rations, ci . . . . 18.

Au Lieutenant-colonel qui a une brigade, quatre rations, ci. 4.

Au Major, six rations, ci . . . . 6.

A l'Aide-major, quatre rations, ci . . . . 4.

Et à chacun des dix-sept petits Officiers, une ration, ci . 1.

A l'égard des Brigadiers, Sous-brigadiers, Fourriers, Volontaires & Trompettes, il leur sera fourni à chacun une ration de pain de munition par jour, lorsque le régiment sera en campagne; mais il leur sera retenu deux sols pour chaque ration sur leur solde.

Officiers réformés de Cavalerie. Les Officiers réformés, avec appointemens, à la suite des régimens de Cavalerie Françoise & Étrangère, de Hussards & de Dragons, auront du pain de munition, en servant en campagne, sur le pied par jour, savoir;

rations.

A chaque Mestre-de-camp & à chaque Lieutenant-colonel, six rations, ci . . . . 6.

A chaque

	rations.
A chaque Capitaine, quatre rations, ci	4.
A chaque Lieutenant, deux rations, ci	2.

L'intention de Sa Majesté est que la fourniture du pain de munition soit faite à ses troupes d'Infanterie, à celles de sa Maison, à la Gendarmerie, à la Cavalerie françoise & étrangère, Carabiniers, Hussards & Dragons, pendant qu'elles serviront en campagne, conformément au règlement ci-dessus, & sur les états particuliers que Sa Majesté en fera expédier; en observant que ladite fourniture de pain ne doit être faite que pour le nombre d'hommes présens & effectifs aux revûes des Commissaires des guerres préposés à cet effet.

La viande sera fournie sur le pied d'une demi-livre par jour, même les 31 des mois de mai, juillet, août & octobre, à l'exception des vendredis, aux Sergens, Soldats & Tambours de l'Infanterie françoise, sans aucune retenue sur la solde de campagne.

VIANDE.

Elle sera aussi fournie aux Sergens & Soldats de l'Infanterie Allemande, Italienne, Irlandoise & Écossoise; mais il sera retenu pour chaque livre de viande, deux sols onze deniers sur la solde de ladite Infanterie étrangère.

Dans le cas où les régimens Suisses & Grisons serviront en campagne, ils recevront la fourniture de la viande, sur le même pied d'une demi-livre pour chaque homme, & la retenue leur en sera faite à raison de deux sols onze deniers la livre; entendant Sa Majesté que cette fourniture n'ait lieu, pour chaque compagnie, que sur le pied de cent quinze hommes, les Officiers n'en devant point avoir.

La viande sera pareillement fournie aux Brigadiers, Cavaliers, Carabiniers, Hussards, Dragons, Timbaliers, Trompettes & Tambours, & il sera retenu pour chaque livre de viande, trois sols cinq deniers sur leur solde.

Sa Majesté veut bien aussi permettre aux régimens & corps des Troupes légères, y compris les Volontaires de Schomberg, de prendre de la viande dans le cas où ils serviront en campagne, & qu'ils seront à portée de l'armée; & son intention est qu'il soit retenu deux sols pour chaque livre de viande à l'Infanterie, & trois sols cinq deniers à la Cavalerie, Hussards, Dragons & Volontaires, aussi pour chaque livre de viande.

X I I.

Payement de l'ustensile pendant la Campagne.

SA MAJESTÉ ayant réglé par l'ordonnance de solde du 25 février 1758, l'ustensile qu'Elle accorde à ses troupes en temps de guerre, & la portion dudit ustensile qui doit être distribuée par mois pendant la campagne, aux Officiers desdites troupes; son intention est qu'il leur soit payé pendant chacun des mois de mai, juin, juillet, août, septembre & octobre de chaque campagne, savoir; à ceux qui auront eu l'ustensile entier, les sommes portées ci-après, & seulement moitié desdites sommes à ceux qui n'auront que le demi-ustensile.

INFANTERIE FRANÇOISE.

A chaque Colonel, Lieutenant-colonel, Commandant de bataillon, Major, Capitaine de Grenadiers & Capitaine de Fusiliers, vingt-cinq livres, ci . . .	25.l	0.f
A chaque Lieutenant, tant de Grenadiers que Fusiliers & Aide-major, quinze livres, ci	15.	
A chaque Sous-lieutenant & Enseigne, dix livres, ci. .	10.	

CORPS DES GRENADIERS DE FRANCE.

A l'Inspecteur-commandant, & au Commandant en second, vingt-cinq livres, ci	25.l	0.f
A chaque Colonel, Lieutenant-colonel & Major attachés au corps, vingt-cinq livres, ci	25.	
A chaque Capitaine, vingt-cinq livres, ci	25.	
A chaque Lieutenant & Aide-major, quinze livres, ci	15.	
A chaque Lieutenant en second, dix livres, ci	10.	

CORPS ROYAL DE L'ARTILLERIE.

A chaque Colonel-commandant, Lieutenant-colonel & Major, vingt-cinq livres, ci	25.l	0.f
A chaque Capitaine en pied, cinquante livres, ci . .	50.	
A chaque Capitaine en second, vingt-cinq livres, ci	25.	

A chaque premier Lieutenant, Lieutenant en ſecond & Aide-major, quinze livres, ci . . . . 15.[l] 0.[f]

A chaque Sous-lieutenant, dix livres, ci . . . . . . 10.

A chaque Sous-aide-major, cinq livres, ci . . . . . 5.

MINEURS ET OUVRIERS.

Les compagnies de Mineurs & d'Ouvriers continueront de recevoir l'uſtenſile comme par le paſſé.

INFANTERIE IRLANDOISE ET ÉCOSSOISE.

A chaque Colonel, Lieutenant-colonel, Major, Capitaine & Capitaine en ſecond, tant de Grenadiers que de Fuſiliers, vingt-cinq livres, ci . . . . 25.[l] 0.[f]

A chaque Lieutenant, tant de Grenadiers que de Fuſiliers, & Aide-major, quinze livres, ci . . . . 15.

A chaque Lieutenant en ſecond, tant de Grenadiers que de Fuſiliers, dix livres, ci . . . . 10.

A chaque Enſeigne, dix livres, ci . . . . 10.

ROYAL-ITALIEN ET ROYAL-CORSE.

A chaque Colonel, Lieutenant-colonel, Major, Capitaine de Grenadiers, Capitaine & Capitaine en ſecond de Fuſiliers, vingt-cinq livres, ci . . . 25.[l] 0.[f]

A chaque Lieutenant de Grenadiers & de Fuſiliers, quinze livres, ci . . . . 15.

A chaque Lieutenant en ſecond de Grenadiers & de Fuſiliers, dix livres, ci . . . . 10.

A chaque Aide-major, quinze livres, ci . . . . . . 15.

Au Colonel en ſecond de Royal-Corſe, vingt-cinq livres, ci . . . . 25.

OFFICIERS RÉFORMÉS D'INFANTERIE.

A chaque Colonel & Lieutenant-colonel, vingt-cinq livres, ci . . . . 25.[l] 0.[f]

A chaque Capitaine, quinze livres, ci . . . . 15.

A chaque Lieutenant, cinq livres, ci . . . . 5.

GENDARMERIE.

COMPAGNIES DE CHEVAUX-LÉGERS.

A chaque Capitaine-lieutenant, pour deux places d'uſtenſile, trente livres, ci . . . . 30.[l] 0.[f]

A chaque Sous-lieutenant & Cornette, pour une place, quinze livres, ci . . . . 15.

A chaque Maréchal-des-logis, tant des compagnies de Gendarmes que de Chevaux-légers, pour une demi-place, ſept livres dix ſols, ci 7.l 10.ſ

CARABINIERS.

Au Meſtre-de-camp-lieutenant, pour deux places, trente livres, ci 30.l 0.ſ

Au Major, pour deux places, trente livres, ci . . . 30.

A chaque Meſtre-de-camp commandant une brigade comme Capitaine ſeulement, pour deux places, trente livres, ci . . . . 30.

A chaque Lieutenant-colonel comme Capitaine, ſeulement pour deux places, trente livres, ci . . . . 30.

A chaque Capitaine, pour deux places, trente livres, ci . 30.

A chaque Lieutenant, Cornette, Aide-major & Sous-aide-major, pour une place, quinze livres, ci . . 15.

A chaque Maréchal-des-logis, pour une demi-place, ſept livres dix ſols . . . . 7. 10.

CAVALERIE.

A chaque Meſtre-de-camp & Lieutenant-colonel ſans compagnie, pour deux places, trente livres, ci. . 30.l 0.ſ

A chaque Capitaine & Major, pour deux places, trente livres, ci. . . . . 30.

A chaque Lieutenant, Cornette & Aide-major, pour une place, quinze livres, ci . . . . 15.

A chaque Maréchal-des-logis, pour une demi-place, ſept livres dix ſols, ci. . . . . 7. 10.

RÉGIMENT ROYAL-ALLEMAND.

Au Meſtre-de-camp, comme Capitaine ſeulement, trente livres, ci 30.l 0.ſ

A chacun des deux Lieutenans-colonels, comme Capitaines ſeulement, & des deux Majors, trente livres, ci . . . . 30.

A chaque Capitaine, trente livres, ci. . . . . 30.

A chaque Lieutenant & Cornette, quinze livres, ci. 15.

A chaque Maréchal-des-logis, ſept livres dix ſols, ci. 7. 10.

A chacun des deux Aides-majors, quinze livres, ci. 15.

Au Maréchal-des-logis de l'État-major & au Prevôt, chacun quinze livres, ci. . . . . 15.

Au Lieutenant de Prevôt, au Greffier & à chacun des quatre Archers & à l'Exécuteur de juſtice, ſept livres dix ſols, ci 7.l 10.ſ

RÉGIMENS DE WIRTEMBERG & de NASSAU-SAARBRUCK.

A chaque Meſtre-de-camp & Lieutenant-colonel, comme Capitaine ſeulement, trente livres, ci. . 30.l 0.ſ

A chaque Capitaine & Major, trente livres, ci. . . 30.

A chaque Lieutenant, Cornette & Aide-major, quinze livres, ci. . . . . 15.

A chaque Maréchal-des-logis, ſept livres dix ſols, ci. 7. 10.

Au Meſtre-de-camp en ſecond du régiment de Wirtemberg, trente livres, ci. . . . . 30.

RÉGIMENT DE CAVALERIE LIÉGEOISE DE RAUGRAVE.

A chacun des Meſtre-de-camp, Lieutenant-colonel & Major, trente livres, ci. 30.l 0.ſ

A chaque Capitaine, trente livres, ci. . . . . 30.

A chaque Lieutenant & Cornette, & à l'Aide-major, quinze livres, ci . . . . 15.

A chaque Maréchal-des-logis, ſept livres dix ſols, ci. 7. 10.

RÉGIMENT DE CAVALERIE LÉGERE DE CORSE.

A chacun des Meſtre-de-camp, Lieutenant-colonel & Major, trente livres, ci. 30.l 0.ſ

A chaque Capitaine, trente livres, ci. . . . . 30.

A chaque Lieutenant & à l'Aide-major, quinze livres, ci . . . . 15.

A chaque Maréchal-des-logis, ſept livres dix ſols, ci. 7. 10.

HUSSARDS.

A chaque Meſtre-de-camp, Lieutenant-colonel en pied, Lieutenant-colonel incorporé & Major, trente livres, ci. 30.l 0.ſ

A chaque Capitaine, trente livres, ci. . . . . 30.

A chaque premier Lieutenant, ſecond Lieutenant, Cornette & Aide-major, quinze livres, ci. . . . . 15.

A chaque Maréchal-des-logis, ſept livres dix ſols, ci. 7. 10.

DRAGONS.

A chaque Meſtre-de-camp, Lieutenant-colonel & Major, trente livres, ci 30.l 0.f

A chaque Capitaine, trente livres, ci. . . . . 30.

A chaque Lieutenant, Cornette & Aide-major, quinze livres, ci . . . . 15.

A chaque Maréchal-des-logis, ſept livres dix ſols, ci. 7. 10.

Au Meſtre-de-camp, Lieutenant en ſecond du régiment de Dragons d'Orléans, trente livres, ci . . 30.

RÉGIMENT ROYAL-NASSAU.

A chacun des Meſtre-de-camp, Lieutenant-colonel & Major, trente livres, ci 30.l 0.f

A chaque Capitaine, trente livres, ci. . . . . 30.

A chaque Lieutenant en premier, Lieutenant en ſecond & Cornette, quinze livres, ci. . . . . . . 15.

A chaque Maréchal-des-logis, ſept livres dix ſols, ci. 7. 10.

A chacun des Aide-major & au Prevôt, quinze livres, ci . . . . 15.

OFFICIERS RÉFORMÉS DE CAVALERIE, HUSSARDS ET DRAGONS.

A chaque Meſtre-de-camp, Lieutenant-colonel & Capitaine, trente livres, ci 30.l 0.f

A chaque Lieutenant, quinze livres, ci. . . . . . . 15.

Les Officiers des Troupes légères, y compris le régiment des Volontaires de Schomberg, continueront de recevoir l'uſtenſile qui leur ſera réglé pendant les cinq mois d'hiver, comme par le paſſé.

Écu de campagne.

Et pour les deux ſols de retenue par jour pendant les cent cinquante jours du quartier d'hiver, ſur la place d'uſtenſile de chaque Gendarme & Chevau-léger de la Gendarmerie, & de chaque Carabinier, Cavalier, Huſſard & Dragon, faiſant la ſomme de quinze livres, Sa Majeſté ordonne qu'elle ſoit diſtribuée manuellement par le Major ou Aide-major de la Gendarmerie & de chaque régiment, aux Gendarmes, Chevaux-légers, Carabiniers, Cavaliers, Huſſards & Dragons, ſur le pied d'un écu de ſoixante ſols, par chacun des mois de juin, juillet, août, ſeptembre & octobre, même à ceux des régimens qui ayant reçû le quartier d'hiver, reſteroient dans les garniſons pendant la campagne; ſans que leſdits Officiers-majors puiſſent s'en diſpenſer pour quelque raiſon que ce ſoit, à peine d'être privés de leurs charges: au moyen de quoi, leſdits Carabiniers, Cavaliers, Huſſards & Dragons ſeront obligés de s'entretenir de linge, culotte, de bas & de ſouliers, & d'entretenir leur chevaux de ferrage, de tenir leurs armes nettes, & d'y faire les menues réparations, en ſorte qu'elles ſoient en bon état: Entend Sa Majeſté que ſi ces armes venoient à être en un état à ne pouvoir plus ſervir, ſans que ce ſoit par la faute du Cavalier ou du Dragon, qu'il ſoit néceſſaire de les changer, le Capitaine en faſſe la dépenſe; & qu'au ſurplus chaque Capitaine entretienne chaque Carabinier, Cavalier, Huſſard & Dragon, de cheval, houſſe, ſelle, harnois, bride, habillement, manteau, chapeau, bottes & armes.

MANDE & ordonne Sa Majeſté aux Généraux commandant ſes armées, aux Officiers généraux ayant commandement ſur ſes troupes, aux Gouverneurs & Lieutenans généraux dans ſes provinces, aux Gouverneurs & Commandans de ſes villes & places, aux Inſpecteurs généraux de ſes troupes, aux Intendans de ſes armées, dans ſes provinces & ſur ſes frontières, aux Commiſſaires des guerres, & à tous autres ſes Officiers qu'il appartiendra, de tenir la main à l'exécution de la préſente. FAIT à Verſailles le quinze juin mil ſept cent cinquante-huit. *Signé* LOUIS. *Et plus bas,* LE M.AL DUC DE BELLE-ISLE.